Elisabeth von Dijon

Ich gehe zum Licht

Elisabeth von Dijon

Ich gehe zum Licht

Leben und Erfahrungen im Selbstzeugnis

Herausgegeben von
Conrad De Meester OCD

Mit einem Vorwort von
Ulrich Dobhan OCD

Herder
Freiburg · Basel · Wien

Titel der französischen Originalausgabe:
Elisabeth de la Trinité. Racontée par elle-même,

Deutsche Übersetzung: Karmel St. Josef, Hauenstein/Pfalz

Umschlagfoto: Elisabeth im Alter von 18 Jahren
Foto auf der Umschlag-Rückseite: Elisabeth als Karmelitin

Imprimatur. – Freiburg im Breisgau, 23. Januar 1984
Der Generalvikar: Dr. Schlund
Herstellung: Freiburger Graphische Betriebe 1984
ISBN 3-451-20010-4

Inhalt

Vorwort zur deutschen Ausgabe

Es ist beeindruckend, diese geistliche Biographie in Form von Selbstzeugnissen auf sich wirken zu lassen. Sie schenkt dem Leser Anteil am Weg eines Menschen, der durch seinen natürlichen Charme bezaubert, der um seine ihm eigene Form des christlichen Lebens gerungen hat, an dem Gott in erstaunlich klarer und wunderbarer Weise sein Gnadenwirken geoffenbart hat. So wie sich Elisabeth in diesen Texten darstellt, zeigt sie, daß sie wirklich ein gläubiger Mensch unserer Tage ist. Wer sich in ihre geistlichen Aufzeichnungen vertieft, kann sich das Lesen vieler geistlicher Bücher, die heute den Markt überschwemmen, ersparen; braucht sich nicht in die Auseinandersetzung um die rechte Form von Meditation einzuschalten und muß auch keine Angst haben, in eine enge, gettoartige Frömmigkeitsform geführt zu werden.

Die sympathische Karmelitin aus Dijon zeigt in schlichten und einfachen Worten, wie man inmitten der Welt als Christ leben kann: „Mir scheint, nichts kann von Ihm ablenken, wenn man nur für Ihn handelt ...; selbst mitten in der Welt kann man in der Stille eines Herzens, das nur Ihm gehören will, Ihn hören" (L 38), und löst so den oft beschworenen Gegensatz zwischen actio und contemplatio auf: „Möge ich in der Welt leben, ohne von der Welt zu sein: Ich kann in meinem Innern Karmelitin sein, und ich will es sein" (NI 6). *Sie lehrt beten,* indem sie ihre eigenen Erfahrungen schildert, in denen sie sich als treue Tochter ihrer Mutter Teresa von Avila erweist: „Leben wir mit Gott wie mit einem Freund, haben wir lebendigen Glauben, um durch alles hindurch mit Ihm vereinigt zu sein; das ist es, was heilig macht" (L 122); oder: „Beten kommt mir vor wie einc Entspannung: Man kommt ganz einfach zu Dem, den man liebt, bleibt ganz nahe bei Ihm wie ein kleines Kind in den Armen seiner Mutter" (L 123). Wenn man das leidvolle Ende Elisabeths in ihren eigenen Zeugnissen nacherlebt, dann kann man angesichts dieser von ihr empfohlenen Art des Betens ahnen, woher sie die Kraft zum Durchhalten bis zum Tod nahm, dann werden ihre schon sehr früh ausgesprochenen Beteuerungen ihrer Liebe zu Gott eingelöst: „Du willst mir alle Dornen zeigen, auf die ich treffen werde. Guter Jesus, wir werden gemeinsam durch sie hindurchgehen; in Deiner Nachfolge, zusammen mit Dir werde ich stark sein" (J 125); „Er hat sich zum Gefährten unserer Pilgerreise gemacht, um uns zu helfen, den schmerzlichen Übergang zu bestehen" (L 263).

Elisabeth war sich ganz klar, daß *Beten nicht eine rührselige Angelegenheit* ist; sie weiß, wie trügerisch „fromme Gefühle" sein können, und, was das Schlimmste ist, sie lenken von Jesus Christus ab: „Meister, nicht diese Geschenke, diese Tröstungen, mit denen du mich überhäufst, suche ich, sondern Dich, Dich allein" (NI 5) ... „Und wozu sind diese Süßigkeiten, diese Tröstungen überhaupt gut? Das ist nicht Er. Und Er allein ist es ja, den wir suchen ... Gehen wir also zu Ihm durch den reinen Glauben!" (L 53). Hier erweist sich Elisabeth als echte Jüngerin Christi, der gesagt hat: „Wer mein Jünger sein will, verleugne sich selbst, nehme täglich sein Kreuz auf sich und folge mir nach!" Hier erweist sie sich als *wahre Tochter ihrer heiligen Ordenseltern* Teresa und Juan, auf die sie selbst immer wieder hinweist. Hier wird sie zur geistlichen Lehrmeisterin für viele Menschen heute, die, wenn sie schon fromm sind, auch eine Belohnung oder Anerkennung oder doch zumindest innerlichen Trost dafür haben wollen und somit aus Gott letztlich eine Karikatur machen. Wer sich dagegen in einer Haltung der Offenheit und Bereitschaft auf diese Selbstzeugnisse einläßt, wird lernen und erkennen dürfen, wie unkompliziert und einfach und ganz „menschlich" beten ist, eben nicht etwas Gekünsteltes, gut Ausgedachtes, sondern die Bereitschaft oder Fähigkeit, so wie man ist, zu Gott zu gehen.

Selbst das vielen Gläubigen als „Buch mit sieben Siegeln" erscheinende *Geheimnis der Allerheiligsten Dreifaltigkeit* rückt durch Elisabeths Erfahrung näher. „Ich hinterlasse Dir meine Ergebenheit an die Dreifaltigkeit, an die ‚Liebe'. Lebe mit ihr in Deinem Innern, im Himmel Deiner Seele. Der Vater wird Dich mit seinem Schatten bedecken und gleichsam eine Wolke zwischen Dich und die Dinge der Erde legen ... Das göttliche Wort wird in Deine Seele wie in einen Kristall seine eigene Schönheit einprägen ... Der Heilige Geist wird Dich in eine geheimnisvolle Lyra verwandeln, die in der Stille unter der göttlichen Berührung einen herrlichen Hymnus an die Liebe hervorbringen wird; dann wirst Du ‚das Lob seiner Herrlichkeit'"! (L 269). Elisabeth erfährt, daß „Leben mit Gott" nicht ein „Egoismus zu zweit" ist, sondern Teilnahme am Leben der „Drei", wie sie einfach sagt: „Bleibe mit den Drei vereinigt, durch alles hindurch, denn das ist die Mitte, in der wir zusammenkommen" (L 117). In dieser Lebensgemeinschaft mit den „Drei" liegt die Einzigartigkeit und *Würde des Menschen* begründet, was Elisabeth in der Freude über die Geburt ihrer ersten Nichte zum Ausdruck bringt: „Und siehst Du, ich bin auch ganz durchdrungen von Ehrfurcht gegenüber diesem kleinen Tempel der Heiligen Dreifaltigkeit ... Und wenn ich bei der Kleinen wäre, würde ich mich hinknien, um Den anzubeten, der in ihr wohnt" (L 197) – in einer Zeit und Gesellschaft, die viel von der Menschenwürde redet, sie aber noch öfter mit Füßen tritt, sicher ein beeindruckendes Zeugnis.

Erstaunlich ist auch die Wandlung des Gottesbildes Elisabeths, die mehr als einmal Skrupel und Angst vor Gott durchgemacht hat. Doch scheint es, daß bei zunehmendem Erleben ihrer Hinfälligkeit und Vergänglichkeit die *Erfahrung der Barmherzigkeit und Liebe* Gottes ebenfalls zugenommen hat, den sie auch wie eine Mutter erlebt: „Wenn ich nicht zu Ihm hingehen kann, so kommt Er zu mir, um meine Seele mit mütterlicher Zärtlichkeit zu umarmen" (L 285). So in der Liebe Gottes geborgen, wird sie zum Apostel, zur *Missionarin,* die am Geschick der Kirche und der Welt innigen Anteil hat, und „was an seiner Passion noch fehlt für seinen Leib, die Kirche, ... erleiden will" (L

294); „Er will, daß ich Ihm eine weitere Menschheit sei, in der Er zur Verherrlichung seines Vaters noch einmal leiden kann, um seiner Kirche in ihren Nöten zu helfen. Dieser Gedanke tut mir so wohl" (L 309). Hier wird das Leid, ohne einer perversen Haltung zu huldigen, zur Quelle des Heils – wie auch im Leben Jesu! Angesichts einer Vergötzung des Wohlstands und des Wohllebens eine heilsame Provokation ...

Mögen diese kurzen Hinweise genügen, um das Interesse des Lesers an diesem Selbstzeugnis einer großen Tochter der hl. Teresa und des hl. Johannes vom Kreuz zu vermehren und ihn durch diese schlichten Aussagen, die auch in der schönen deutschen Übersetzung leicht verständlich geblieben sind, auf seinem Weg zu Gott zu bestärken und zu begleiten.

Ulrich Dobhan OCD

Vorwort zur Originalausgabe

Am 18. Juli 1980 waren es hundert Jahre, daß Elisabeth Catez – im Karmel Elisabeth von der Dreifaltigkeit – eine der großen Mystikerinnen unserer Zeit, geboren wurde; ihre Seligsprechung ist inzwischen im Gang. Im Ausland bekannter als in ihrer Heimat, sind anläßlich ihres 100. Geburtstages ihre Schriften zum ersten Mal vollständig erschienen; eine Auswahl von Texten wurde bereits in verschiedene Sprachen übersetzt.

Dieser „Gesamtausgabe" haben wir die Texte des vorliegenden Buches entnommen, dort sind auch die notwendigen Anmerkungen zu finden. Eigentlich handelt es sich hier nicht um eine Anthologie im strengen Sinn, zu viele Aspekte ihres Zeugnisses und ihres geistlichen Reichtums bleiben im Dunkeln. Es ist auch keine Biographie im eigentlichen Sinne, vielmehr eine erste „Kontaktaufnahme" mit dieser Mystikerin.

Wir lassen Elisabeth sich vorstellen, indem wir Texte aussuchten, in denen sie über sich selbst spricht. Im allgemeinen jedoch vergißt sie sich in ihren Schriften, um sich in der Schönheit und der Gegenwart Gottes zu verlieren, in der unerschöpflichen Liebe der Dreifaltigkeit und in ihrem großen Traum von der Vereinigung mit Gott und der Gleichgestaltung mit Christus, bis hin zum Gleichnis seines Todes für die Kirche.

Da sie keine Selbstbiographie verfaßt hat, waren wir gezwungen, den Bericht über ihr Leben, vor allem was ihre Kindheit betrifft, ein wenig zu ergänzen *(in Kursivschrift).*

Möge „die Gegenwart Gottes, des Gottes, der ganz Liebe ist", zur „schönen Sonne" werden, „die unser Leben durchstrahlt" (L 333). Dies ist die Botschaft und der Wunsch Elisabeths an jeden von uns.

Conrad De Meester OCD

1. Junges Mädchen in der Welt

Am Morgen des 18. Juli 1880, einem Sonntag, erblickt Elisabeth Catez im Truppenlager von Avor, Gemeinde Farges-en-Septaine (Cher), das Licht der Welt. Die Geburt ist sehr schwierig. Die beiden anwesenden Ärzte haben bereits Hauptmann Catez benachrichtigt, daß dieses erste Kind wohl geopfert werden müßte.

Sechsunddreißig Stunden lang leidet die Mutter schwer. Aber gegen Ende der Eucharistie, die der Militärgeistliche Chaboisseau nach ihrer Intention feiert, kommt schließlich die kleine Elisabeth zur Welt. Das Kind ist gesund, „sehr schön, sehr hebhaft", wie sich Frau Catez erinnert. Am 22. Juli, dem Fest der heiligen Maria Magdalena (was die künftige Karmelitin sehr erfreuen wird), wird sie getauft.

Väterlicherseits stammt Elisabeth aus dem Norden. Ihr Vater, Joseph Catez, wurde am 29. Mai 1832 in Aire-sur-la-Lys (Pas-de-Calais) als viertes von sieben Kindern geboren. Aus einer sehr armen Familie stammend, arbeitet er sich im Leben mit Energie und Ausdauer durch, die später auch seine Tochter kennzeichnen werden. Bei der Geburt seines ersten Kindes ist er, ein Jahr lang verheiratet, bereits achtundvierzig Jahre alt.

Mütterlicherseits ist Elisabeth lothringischer und südlicher Abstammung. Marie Rolland wurde am 30. August 1846 in Lunéville geboren. Frau Catez ist feinfühlig, kontaktfreudig, was ihr viele Freunde bringt; sie ist ziemlich jansenistisch, sagen manche Zeugen.

Am 10. Mai 1881 quartiert sich die Kompanie des Hauptmanns Catez in Auxonne (Côte-d'Or) ein. Von dort aus gibt uns Frau Catez ganz neue Auskünfte über ihre Elisabeth, als die kleine Burgunderin gerade einundzwanzig Monate alt ist: „Sie ist ein richtiger Wildfang, sie kriecht überall herum, jeden Tag braucht sie ein Paar frische weiße Hosen." Sie ist auch „eine große Schwätzerin"!

So sehen die ersten Nachrichten über die zukünftige Heilige aus! Aber es gibt auch mehr mystische ... „Sie ist zum Opfergang mitgegangen und hat den Herrn geküßt, sie küßte ihn, noch ehe sie dort ankam." Für ihre kranke Großmutter „betet sie nicht nur, sondern lehrt auch ihre Puppe beten; sehr andächtig hat sie diese soeben auf die Knie niedergedrückt". Man findet Elisabeth mit ihrer berühmten Jeannette auf Photos aus dieser Zeit: ein kleines Mädchen, das weiß, was es will.

Neuer Standort der Kompanie. In der Zeit um den 1. November 1882 lassen sich die Catez in Dijon nieder und beziehen die Villa Billiet in der Rue Lamartine, in der Nähe des Bahnhofs. Hier kommt am 20. Februar 1883 Marguerite zur Welt. So sanft die kleine Guite ist, so wild ist Sabeth, der kleine Hauptmann. Aber sie hat ein gutes Herz und liebt ihre Eltern sehr. Guite erinnert sich später an die Kindheit ihrer Schwester: Sie war „sehr lebhaft, ja aufbrausend: Wutanfälle, wirklich richtige Wutanfälle, ein großer Wildfang". Ihre Leidenschaft und ihre Sensibilität können sich noch nicht auf das Richtige hin ausrichten. Ihre Mutter spricht von „wilden Augen". Ihre enge Freundin Marie-Louise Hallo erinnert sich später an ihren „flammen-

den Blick". Das sagt sie jedoch im Zusammenhang mit ihrem Feuereifer.

In der Familie Catez herrscht ein gutes gegenseitiges Einvernehmen. Folgender Satz eines Briefes von Frau Catez an ihren „guten Joseph", der unterwegs ist gen Norden, ist bemerkenswert: „Vergiß meine Ratschläge nicht, schone Dich, trink nicht zu viel Bier und rauch nicht so viel, achte auf Deine Gesundheit und denk an uns." Fünf Gebote auf zwei Zeilen: die Gattin, die in ihren Briefen gern weitschweifig ist, kann sich auch kurz fassen! Kann man aus diesen Zeilen die besorgte und die Leitung übernehmende Natur der Frau Catez herauslesen (die man ganz fein auch im Tagebuch Elisabeths feststellen kann), und bei dem Hauptmann eine lebensfrohe und gesellige Seite, verbunden mit seinem Pflichtgefühl und seiner Redlichkeit?

Wenn die kleine Sabeth bis dahin nur Tränen des Zornes und Tränen der Reue (wenn sie ihre Mama geärgert hat) gekannt hat – Tränen, die nur aus den Augen kommen –, lernt sie nun bald ihr erstes echtes Leid kennen und Tränen, die aus dem Herzen kommen. Am 24. Januar 1887 stirbt Großvater Rolland, der bei ihnen gewohnt hat. Acht Monate später ein neues, noch viel tieferes Leid: am Morgen des Sonntags, 2. Oktober, stirbt Herr Catez, der bereits mehrere Herzanfälle gehabt hat, eines ziemlich plötzlichen Todes.

Da ihre Pension nun gekürzt wird, ist Frau Catez gezwungen, in den zweiten Stock eines heute nicht mehr existierenden Hauses umzuziehen, das in der Rue

Prieur-de-la-Côte-d'Or auf der anderen Seite der Stadt liegt. Durch das Fenster sieht die kleine Elisabeth ein seltsames Gebäude in einem Garten, den „Karmel".

Das „Trio" – Frau Catez, Sabeth und Guite – lebt sehr einträchtig miteinander, ist aber nicht in sich selbst verschlossen. Da sind treue Freunde, und da sind die jährlichen Reisen zu Familienangehörigen und Freunden in den Süden und nach Lothringen. Ein weiter Horizont fehlt der kleinen Sabeth, die in Dijon nahe dem großen Park und dem Lande wohnt, also durchaus nicht.

Mit acht Jahren bereits vertraut Elisabeth Abbé Angles, dem Pfarrer von Saint Hilaire an der Aude, ihren Wunsch an, Ordensschwester zu werden:

Ich erinnere mich noch an die große Freude, die ich empfand, als ich mit Ihnen eine kleine Unterredung haben und Ihnen mein großes Geheimnis anvertrauen konnte. Ich war erst ein Kind, aber Sie haben nie an dem Anruf Gottes gezweifelt! (L 111)

Ohne reich zu sein, ist Frau Catez doch wohlhabend genug, um ihren Kindern eine gute Ausbildung zu sichern. Mit sieben Jahren erhält Elisabeth von Fräulein Grémaux ihre ersten privaten Unterrichtsstunden in Französisch. Als sie acht Jahre alt ist, schreibt Frau Catez ihre Tochter im Konservatorium von Dijon ein. Die klassischen Studien finden seltener statt, dafür aber haben die langen Klavierstunden täglich den ersten Platz inne.

Der Tod ihres Vaters konnte das heftige Temperament des Kindes mäßigen, aber das lebendige Naturell kam doch wieder zum Durchbruch. Und ebenso kamen die Wutanfälle wieder. Gewiß, Fräulein Grémaux erinnert sich an den „eisernen Willen" ihrer kleinen Schülerin und an ihre bereits sehr beeindruckende innere Sammlung in der Kirche (denn es liegt in der Natur Elisabeths, alles immer gründlich zu tun); aber das darf ihre Fehler nicht verwischen. Guite erinnert sich, daß die Wutanfälle ihrer Schwester manchmal so heftig waren, „daß man ihr drohte, sie als Interne in das Haus ‚Bon Pasteur' (einer ganz nahe liegenden Besserungsanstalt) zu schicken und ihre Siebensachen zu packen".

Aber Sabeth ist auch sehr offen und gerade, und wenn sie begriffen hat, daß man den andern nicht zur Last fallen darf, faßt sie sich schnell wieder. Ihre erste Beichte, die sie im Alter von sieben oder acht Jahren ablegt, wirft sie in den Kampf gegen ihre Fehler. Und da sind so schöne gute Eigenschaften in diesem anziehenden und großmütigen Herzen! Lesen wir, was das kleine Mädchen von achteinhalb Jahren, nicht ohne einen schelmischen Ausdruck, in ihrem Neujahrsbrief verspricht (L 4):

Liebe, gute Mama, ich wünsche Dir ein gutes neues Jahr und möchte Dir versprechen, sehr artig zu sein, sehr gehorsam, und Dich nicht mehr in Wut zu bringen, nicht mehr zu weinen, sondern ein kleines Musterkind zu sein, um Dir recht Freude zu machen, aber Du wirst mir nicht glauben. Ich werde mein möglichstes tun, um meine Versprechen zu halten, damit ich keine Lüge in meinem Brief gesagt habe, wie ich es schon öfters getan habe. Ich hatte in meinem Kopf einen langen, langen Brief, aber nun weiß ich nichts mehr! Du wirst dennoch sehen, daß ich sehr artig sein werde. Ich umarme Dich, meine liebe Mama.

16 Monate trennen sie noch von ihrer ersten hl. Kommunion. Sabeth widmet sich mit Leidenschaft dem Katechismusunterricht, was jedoch nicht verhindert, daß der Kaplan ihr eines Tages zur Strafe befiehlt, sich zusammen mit einer kleinen Freundin mitten auf die Straße zu knien!

Was geht an diesem 19. April 1891 in ihrem Herzen vor? Während der Messe und der Danksagung rollen Tränen der Freude über ihr Gesicht ... Als sie die Kirche Saint-Michel verläßt, sagt sie zu Marie-Louise Hallo: „Ich habe keinen Hunger, Jesus hat mich ernährt ..."

Ein Gedicht (P 47), das Elisabeth zum siebten Jahrestag ihrer Erstkommunion geschrieben hat, verrät die Intensität dieser ersten Begegnung mit dem Leib Christi: Es handelt sich um eines jener Gedichte, die sie nur für sich selbst schreibt im Angesicht Jesu, und die ein wahres inneres Tagebuch darstellen:

Beim Gedenken an diesen Tag,
Da Jesus in mir seine Wohnung nahm,
Da Gott von meinem Herzen Besitz ergriff,
So sehr und so fest, daß seit jener Stund,
Seit jenem geheimnisvollen Gespräch,
Diesem herrlichen göttlichen Zwiegespräch,
Ich nur mehr verlangte, mein Leben zu geben,

Etwas von der großen Liebe zu vergelten
Dem Viel-Geliebten in der Eucharistie,
Der in meinem schwachen Herzen ruhte
Und es mit all seinen Gnaden überhäufte.

Am 8. Juni 1891 wird sie in der Kirche Notre-Dame gefirmt.

Die Zeugen unterstreichen einstimmig ihren sehr spürbaren Fortschritt in der Hingabe ihrer selbst seit ihrer ersten hl. Kommunion. Hingabe an wen? An Jesus! Sie begreift die Liebe, die Er uns durch sein Leiden und seinen Tod erwiesen hat und durch seine bleibende Gegenwart unter den Menschen in der Eucharistie. Jesus erfüllt sie im tiefsten Grund ihrer selbst. Oft, wenn sie kommuniziert, bedecken Tränen der Freude ihr Gesicht. Mit all ihrer Energie arbeitet sie daran, sich für Jesus, für die andern zu vergessen. Ihre Wutanfälle sind überwunden und besiegt in ihrem Inneren. Sie fühlt sich von Jesus gewonnen. Sie betet gern.

Als sie etwa 13 Jahre alt ist, hilft ihr Beichtvater ihr durch eine schmerzliche Phase hindurch, in der sie sehr unter Skrupeln litt. Die Katechese errichtete damals um Gott einen Wall von peinlich genauen Vorschriften; auf allen Seiten drohte die Sünde; und der gerechte Richter überging nichts!

Schon mit dreizehn Jahren gewinnt Elisabeth am Konservatorium ihren ersten Preis im Klavierspiel. Sie genießt wohlverdiente Ferien:

Ich bin begeistert über meine Ferien. Wir haben vierzehn Tage in Gemeaux bei Frau von Sourdon verbracht, die uns überhaupt nicht mehr abreisen lassen wollte, und wir haben uns dort gut die Zeit vertrieben. Wir haben endlose Partien Crocket gespielt und schöne Spaziergänge gemacht, und ich habe viel musiziert; Herr von Gemeaux hat Musik sehr gern; wir sind oft zum Schloß hin gegangen.

Als wir von Gemeaux weggingen, begaben wir uns nach Mirecourt. Es wurden Diners und große Vesperessen zu unserer Ehre gegeben, und unsere vierzehn Tage Aufenthalt gingen schnell vorbei. Schließlich sind wir vom 2. September an in den Jura gefahren, wo wir weite Ausflüge unternahmen. Ich habe diese schönen Tannenwälder sehr gern (L 6).

Im Alter von vierzehn Jahren fühlt sich Sabeth eines Tages nach dem Empfang des Leibes Christi unwiderstehlich dazu getrieben, Ihm ihr ganzes Leben zu weihen, und legt das Gelübde ewiger Jungfräulichkeit ab. Etwas später konkretisiert sich der Vorsatz zum Ordensleben in diesem Wort, das ihr innerlich gesagt wird: „Karmel".

Aber betrachten wir nicht nur das innere Gepräge dieses Mädchens, das der Domherr Angles, ein enger Freund der Familie, unter der Bezeichnung „immer an der Spitze der Bande" erwähnen wird! Elisabeth vervollständigt ihre Biographie in einem Aufsatz, den ihr Fräulein Forey, ihre neue Lehrerin, als Aufgabe gegeben hat:

Ein äußeres und inneres Selbstporträt zu machen, ist eine heikle Aufgabe, aber ich nehme mein Herz in die Hand, mache mich ans Werk und beginne! ...

Ohne Stolz glaube ich sagen zu können, daß meine Person im ganzen nicht unangenehm ist.

Ich bin dunkelhaarig und, wie man sagt, ziemlich groß für mein Alter. Ich habe schwarze funkelnde Augen, meine dichten Augenbrauen geben mir ein strenges Aussehen. Der Rest meiner Person ist unwichtig. Meine niedlichen Füße könnten mir den Beinamen „Elisabeth die großfüßige, wie die Königin Berta" einbringen ... Das ist mein äußeres Porträt!

Ich habe einen ziemlich guten Charakter. Ich bin fröhlich und – ich muß es gestehen – ein wenig leichtsinnig. Ich habe ein gutes Herz, und ich bin eitel. „Man muß es ein wenig sein", sagt man. Ich bin nicht faul: „Ich weiß, daß die Arbeit glücklich macht." Ohne ein Vorbild von Geduld zu sein, weiß ich mich im allgemeinen zu bescheiden. Ich bin nicht nachtragend. Das ist mein inneres Porträt. Ich habe meine Fehler, leider wenig gute Eigenschaften! ... Ich hoffe, noch welche zu erwerben!

Nun, damit ist diese so langweilige Aufgabe beendet, da bin ich froh!

Nichts jedoch, ganz offensichtlich, über das, was bereits der Sinn ihres Lebens ist, die Seele ihrer Seele: ihre Liebe zu Jesus. Diese entdeckt man in den folgenden Versen, die aus fast der gleichen Zeit wie der Aufsatz stammen (P 4):

Jesus, zu Dir trägt meine Seele Verlangen,
Ich will bald Deine Braut sein.
Mit Dir zusammen möcht' ich leiden
Und, um Dich zu finden, sterben.

Sie studiert noch zwei Jahre am Konservatorium und erzählt mit Gelassenheit, wie man ihr 1894 ungerechterweise den ersten Preis aberkannt hat (L 7):

Um meinetwillen war am Konservatorium eine große Aufregung: Die Jury hatte mir einstimmig einen Preis zuerkannt, aber Herr Fritsch, dessen Schüler auch einen erhielt, fand, daß ich den Ruhm seines Schülers schmälerte. Er lief zur Präfektur, ebenso Frau Vendeur. Sie haben es so gut arrangiert, daß der Präfekt ihnen recht gab und sagte, die Jury habe nicht das Recht, diesen Preis zu verleihen. Nun wollten die Mitglieder der Jury, die sehr unglücklich darüber waren, zurücktreten. Wenn Herr Deroye, der Präsident der Jury, benachrichtigt worden wäre, wären die Dinge nicht so verlaufen, denn er hätte den Präfekten aufgesucht, er hat es Herrn Lévêque gesagt ... Kurz und gut, es war eine Aufregung, die Sie sich nicht vorstellen können, und Herr Fritsch hat all das verursacht; er hat ganz hübsch falsch gehandelt; er hat sich mit Herrn Diétrich entzweit. Marguerite hat einen zweiten Preis im Klavierspiel erhalten, das ist großartig.

Aber innerlich begleitet sie bereits eine geheimnisvolle Gegenwart. Nur wenige ihrer nahen Angehörigen spüren, daß ihre sprühende Lebendigkeit auf ein anderes Leben ausgerichtet ist, nach innen, nach draußen, nach jenseits. Die Sehnsucht nach Jesus, nach dem Karmel, nach dem Himmel wohnt in diesem fünfzehn-, sechzehnjährigen Mädchen. Dann, im Alter von siebzehn Jahren, entdeckt sie die irdischen Per-

spektiven, die diese Liebe in sich schließt; sie nimmt ihre konkrete Situation an und alles, worunter ihr junges Herz leidet, das bereits von einem Verlangen nach Aufopferung in einem ganz kontemplativen Leben beseelt ist:

Denn mein Herz ist immer bei Ihm,
Und Tag und Nacht denkt's ohn' Unterlaß
An diesen himmlischen, göttlichen Freund,
Dem es seine Liebe beweisen möcht.

Und so erhebt sich in ihm der Wunsch:
Nicht zu sterben, sondern lange zu leiden,
Zu leiden für Gott, Ihm sein Leben zu
schenken,
Betend für die armen Sünder (P 43).

Wie sehr ihr Herz auch bereits im Karmel ist, mit dessen Schwestern ihre Mutter ihr jedes Gespräch untersagt hat, so lassen ihre Liebe zu Jesus, ihre von Herzen kommende Aufmerksamkeit für andere und ihre Fähigkeit zu staunen, sie doch – sogar nicht ohne Begeisterung – am Gesellschaftsleben teilnehmen. Die Briefe, die sie während der langen jährlichen Rundreisen in den großen Ferien schrieb, bezeugen dies:

Ich habe mich gefreut zu hören, daß Du schöne Ferien verbracht hast, ich habe es auch, ich versichere es Dir! Wir haben einige Tage in Saint-Hilaire verbracht, einem hübschen Landstädtchen, in dem Mama gewohnt hat, als sie so alt gewesen ist wie ich jetzt. Man hat uns solche Festmähler gegeben, daß unsere Mägen um Gnade baten (...). In Limoux werden wir sehr gefeiert (...). Hier musiziere ich viel. Meine Freundin hat einen ausgezeichneten Flügel, der mein ganzes Entzücken ist: Er hat einen herrlichen Klang, und ich könnte daran Stunden verbringen. Ich begleite die Cousine von Gabrielle, die sehr gut Geige spielt; ihr Mann ist ein ausgezeichneter Pianist, und wir spielen vierhändig (L 11).

Heute morgen sind wir in einem wilden Durcheinander: Fräulein Lalande gibt uns zu Ehren ein großes Lunch, und wir helfen ihr beim Umziehen. Wir haben in Lunéville ein äußerst angenehmes Leben: Wir frühstücken bei den einen, essen zu Mittag und zu Abend bei den anderen, sodann die zahlreichen Partien Tennis bei sehr netten Mädchen. Kurzum, wir haben keine einzige freie Minute und wissen nicht mehr, wo uns der Kopf steht.

Am 14. Juli haben wir auf dem Champ-de-Mars einer herrlichen Militärparade beigewohnt. Du kannst Dir nicht vorstellen, wie schön es war, diesen Sturm der Kavallerie mit all diesen Helmen und Brustpanzern, die in der Sonne glänzten, zu sehen. Am Abend waren wir im Bosquet (Wäldchen), es war ein herrlicher Spaziergang, schöner als im Park. Die Beleuchtung war ganz phantastisch, man meinte, in Venedig zu sein! ...

Wir sind bereits sehr verwöhnt worden. Eine alte Freundin meiner Großmutter, Frau von La Roque, hat uns sehr hübsche Ringe aus Gold mit einem Türkis darin geschenkt. (...) Ich sende Dir einen Regen von Küssen (L 13).

Unser Aufenthalt dort war eine einzige Abfolge von Vergnügen: Tanzen am Morgen, Musizieren am Morgen, Landpartien, eines folgte auf's andere. Die Gesellschaft von Tarbes ist sehr liebenswürdig; ich bin einer Menge junger Mädchen begegnet, eines charmanter als das andere; wir sind sehr gerührt von dem Empfang, den man uns bereitet hat, und Tarbes wird uns in süßer Erinnerung bleiben. (...) Die von Rostang haben eine Tante, Frau von Saint-Michel, die mit ihrer zwanzigjährigen Tochter, die sehr charmant und eine sehr gute Musikerin ist, einige Tage in Tarbes verbracht hat. Wir gingen nicht mehr vom Klavier weg, und die Musikgeschäfte von Tarbes konnten uns nicht genug Noten geben (L 14).

Danach waren wir in Lourdes, diesem Himmelswinkel, wo wir drei wunderschöne Tage verbracht haben, wie man sie nur dort verbringen kann. Am Fuß der Grotte habe ich fest an Sie gedacht. Ah, wenn Sie wüßten, wie gute Augenblicke man dort verbringt und wie ergriffen man ist! Es waren keine großen Wallfahrten dort, wir konnten an der Grotte zur Kommunion gehen. Ich liebe Lourdes mit dieser Stille. Von Lourdes aus begaben wir uns nach Pau und sahen uns das Schloß Heinrichs IV. an, das einer Besichtigung wert ist; denn dort gibt es herrliche Gobelins, und wir waren nicht die einzigen, die sie bewunderten. Tags zuvor waren wir in Cauterets gewesen. Die Straße von Pierrefite aus im Auto zu fahren ist wundervoll. Wir waren in stummer Verzükkung angesichts dieser Berge, auf die ich verrückt bin, und ich wäre am liebsten nie mehr von dort weggegangen. Luchon jedoch behielt uns etwas noch viel Schöneres vor. Für mich ist die Gegend ohnegleichen (L 15).

In Marseille haben wir auch einen Ozeandampfer besichtigt, das hat mich sehr interessiert. Mama hatte schreckliche Angst, denn das Schiff lag mitten im Meer, und bis wir dorthin gelangten, wurde unser kleines Boot nicht schlecht hin- und hergeworfen. Daher war sie heilfroh, als wir uns wieder auf festem Boden befanden, denn sie teilt meine Begeisterung für dieses schöne Meer, das ich so sehr liebe, nicht.

Was ich am meisten bewundert habe, war die „Große Kartause". Wenn Sie wüßten, wie schön diese Straße in der Einöde ist, wie grün und bewaldet diese Berge sind ... Das ist die tiefste Einsamkeit, die man sich träumen kann, man glaubt, an hundert verschiedenen Orten der Welt zu sein, so verloren ist man in diesen Bergen, die einen äußerst wilden Anblick bieten. Wir haben im Konvent der Schwestern übernachtet, in einer kleinen Zelle, in schrecklich harten Betten, denn in der „Großen Kartause" herrscht der Geist der Buße. Über den Sappey sind wir nach Grenoble hinuntergefahren, eine andere sehr schöne Straße (...). Wir waren auch in Genf (L 18).

Aber in ihren Gedichten lesen wir die andere, die innere Seite ihres Seins. Zum Beispiel in einem Gedicht, verfaßt an Pfingsten 1898:

Mit Deinen brennenden und reinen Flammen,
Heiliger Geist, würdige Dich, meine Seel' zu
entflammen;
Verzehre sie mit Deiner göttlichen Liebe,
O Du, den ich täglich anrufe und anflehe! ...
Geist des Herrn, Du leuchtendes Feuer,
Du, der Du mich mit Deinen Gnaden
überhäufst,
Du, der Du mich mit Deiner Süße erfüllst,
Verbrenne mich, vernichte mich ganz!

Du, der Du mir meine Berufung schenkst,
Oh, führ' mich denn zu dieser Vereinigung,
Dieser innigsten, inneren, zu diesem Leben
Ganz in Gott, der meine Sehnsucht ist.

Auf Jesus allein soll meine Hoffnung sich
gründen,
Und ich will, solang ich in dieser Welt lebe,
Nichts erstreben, nichts sehen als Ihn allein,
Ihn, meine Liebe, meinen göttlichen Freund!

Heiliger Geist, Güte, höchste Schönheit Du!
O Du, den ich anbete, o Du, den ich liebe!
Verzehre mit Deinen göttlichen Flammen
Sowohl diesen Leib als auch dieses Herz, diese
Seele!
Diese Braut der Dreifaltigkeit,
Die nur Seinen Willen erstrebt! ... (P 54)

Von ihrem neunzehnten Lebensjahr an gibt uns auch das Tagebuch *ihre Liebe zu Gott und zu Maria zu erkennen, sowie ihre Liebe zu den Seelen, für die sie die große Volksmission in Dijon (März 1899) mit apostolischem Eifer entbrennen läßt.*

Ich hatte heute die Freude, meinem Jesus mehrere Opfer bezüglich meines Hauptfehlers zu bringen, aber wieviel hat es mich gekostet! An dieser Stelle erkenne ich meine Schwäche. Wenn ich zu Unrecht eine Rüge erhalte, scheint es mir, daß mir das Blut in den Adern kocht, mein ganzes Sein bäumt sich auf! ... Aber Jesus war mit mir, ich hörte seine Stimme auf dem Grund meines Herzens, und da war ich bereit, alles zu ertragen aus Liebe zu Ihm! ...

An jedem Marienfest erneuere ich meine Weihe an diese gute Mutter. Heute also habe ich mich ihr anvertraut und habe mich von neuem in ihre Arme geworfen. Mit dem größten Vertrauen habe ich ihr meine Zukunft, meine Berufung anvertraut. Da Jesus mich ja noch nicht begehrt, so geschehe sein Wille; ich will mich jedoch in der Welt heiligen: Sie soll mich nicht hindern, zu Ihm zu gehen, die Nichtigkeiten der Erde sollen von mir keinen Besitz ergreifen, ich will nicht an ihnen hängen! Ich bin die Braut Jesu; wir sind so innig miteinander vereint ... Nichts kann uns trennen. Daß ich mich doch immer meines Bräutigams, meines Viel-Geliebten, würdig erweise, daß ich nicht all die Gnaden vergeude, die Er mir anvertraut hat, und daß ich doch stets das Glück habe, Ihm meine Liebe beweisen zu können!

Am Ende der Fastenzeit wird bei uns eine große Volksmission sein. Ich bete bereits für den Erfolg dieser Mission. Wie sehr wünsche ich, meinem Jesus Seelen zuzuführen! Ich würde mein Leben geben, um zur Erlösung auch nur einer dieser Seelen beizutragen, die Jesus so sehr liebt. Auf der ganzen Erde möchte ich Ihn bekannt machen, Ihn lieben lehren! (J 1–3)

Welch drei herrliche Tage habe ich verbracht! Am Abend hielt ich vor dem Acht-Uhr-Gottesdienst eine gute halbe Stunde Anbetung vor dem Allerheiligsten; wer könnte die Süßigkeit dieses Beisammenseins Herz an Herz beschreiben, währenddessen man sich nicht mehr auf Erden glaubt und nichts mehr sieht und nichts mehr hört als Gott! Gott, der zur Seele spricht, Gott, der ihr so süße Dinge sagt, Gott, der sie darum bittet zu leiden! Und Jesus, der nach ein wenig Liebe verlangt, um Ihn zu trösten! ... (...) Ich will Ihn lieben für all die, die Ihn nicht lieben, und ich will auch diese Seelen zu Ihm bringen, die Er so sehr geliebt hat! (J 8)

Ich lese gerade den „Weg der Vollkommenheit" der heiligen Teresa. Das interessiert mich mächtig und tut mir sehr gut. Mutter Teresa sagt so gute Dinge über das Gebet und über die innere Abtötung, diese Abtötung, zu der ich mit der Hilfe Gottes unbedingt gelangen will. Da ich mir jetzt keine großen Leiden auferlegen kann, so kann ich wenigstens in jedem Augenblick des Tages meinen Willen aufopfern! ... Das innere Gebet – wie sehr liebe ich die Art und Weise, in der die heilige Teresa dieses Thema behandelt, wenn sie über die Beschauung spricht, diese Gebetsstufe, wo Gott alles tut und wir nichts tun, wo Er unsre Seele so innig mit Sich vereint, daß nicht mehr wir leben, sondern Gott in uns lebt, usw. Darin habe ich die erhabenen Augenblicke der Ekstase erkannt, da der Meister sich würdigte, mich oft während dieser Exerzitien und auch danach noch zu erheben! (J 13–14)

Da ich mir kaum Leiden auferlegen kann, muß ich mir immer wieder sagen, daß dieses physische und körperliche Leiden nur ein Mittel ist – und überdies ein ausgezeichnetes Mittel –, um zur inneren Abtötung und zur vollkommenen Losschälung von sich selbst zu gelangen. O Jesus, mein Leben, meine Liebe, mein Bräutigam, hilf mir; dahin muß ich unbedingt gelangen (J 16).

O mein Gott, Du weißt, daß es, wenn ich leide, und vor allem wenn ich verlange, so sehr zu leiden, oh, daß es nicht im Gedenken an meine Ewigkeit ist, sondern einzig um Dich zu trösten, um Dir Seelen zuzuführen, um Dir zu beweisen, daß ich Dich liebe. Denn ich habe Dir mein Herz geschenkt, ein Herz, das nur an Dich denkt, nur für Dich lebt, ein Herz, das Dich zum Sterben liebt (J 32).

---

1 Elisabeths Vater, François Joseph Catez (1832–1887)
2 Elisabeths Mutter, Marie Rolland (1846–1914)
3 Elisabeth im Alter von etwa 9 Monaten

2

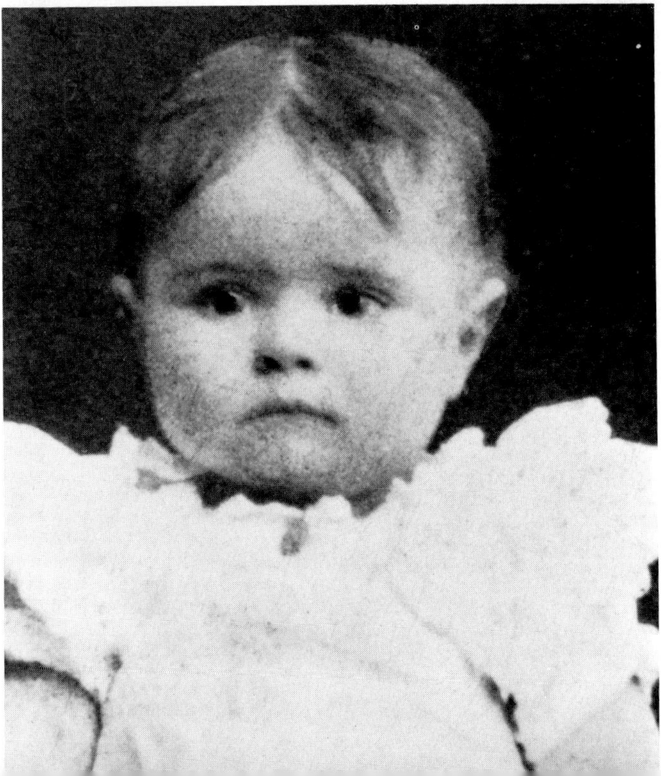

3

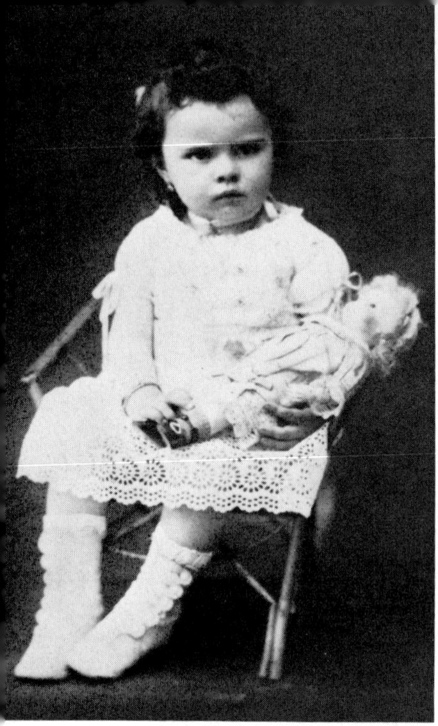

4

6

Ich liebe Dich so sehr, mein Herz brennt in einer solchen Liebe zu Dir, daß ich nicht mehr ruhig und glücklich leben kann, während Du, mein Bräutigam, mein Viel-Geliebter, leidest. Deine Schmerzen zu teilen, sie zu lindern, Dir mit einem recht schweren, recht drückenden Kreuz zu folgen, nach all dem verlange ich. Denn ich liebe Dich, o mein Leben, ich liebe Dich zum Sterben. Du hast mein Herz verwundet mit dem Pfeil Deiner Liebe, und es kann hier auf Erden nicht mehr glücklich sein. Du allein kannst ihm Glück schenken, indem Du deine Leiden mit ihm teilst. O danke, Jesus, danke! ... (J 95)

Am 26. März 1899 gibt Frau Catez ihrer Tochter endlich ihre Zustimmung zum Eintritt in den Karmel, aber erst in zwei Jahren ... Doch fünf Tage später – obgleich es der Karfreitag ist – folgt ein erstaunliches Angebot.

Heute morgen kam Mama sehr spät und ganz erregt nach Hause ... Man hatte mit ihr über eine Heirat für mich gesprochen, eine großartige Partie, wie ich sie nie mehr wiederfinden würde. Sie hatte daher den Herrn Pfarrer aufgesucht und ihn gefragt, was sie tun solle, da er mich ja besser kenne als jeder andere, und er hatte Mama geantwortet, sie müsse mir die Vorteile

---

4 Elisabeth im Alter von ca. 20 Monaten mit ihrer Lieblingspuppe Jeannette

5 Elisabeth mit ihrer Mutter und ihrer Schwester Marguerite ca. 1890

6 Elisabeth im Alter von ca. 8 Jahren

davon zeigen, das sei eine Prüfung für mich, aber ich müsse darüber nachdenken, er könne sich nicht über meine Berufung äußern; sie dürfe jedoch keine Begegnung organisieren, ohne mich vorher zu benachrichtigen.

Darauf war ich nicht gefaßt. Aber wie gleichgültig bleibe ich angesichts dieses verlockenden Angebots! Mein Herz ist nicht frei, ich habe es dem König der Könige geschenkt, ich kann nicht mehr darüber verfügen. Ah, ich höre die Stimme meines Viel-Geliebten auf dem Grund meines Herzens: „Meine Braut", sagt er, „du weist hinieden also alles Glück zurück, um mir zu folgen. In meiner Nachfolge wirst du den schmerzlichen Kreuzweg gehen, du wirst viele Leiden erdulden müssen. Wenn ich nicht da wäre, um dir zu helfen, könntest du sie nicht ertragen. Selbst diese geistlichen Tröstungen, die so beglückend sind für die Seele, werden dir genommen werden. Wieviele Prüfungen, meine Viel-Geliebte, wenn man mir nachfolgt, aber auch wieviele Freuden, wieviel Glück werde ich dich inmitten dieser Drangsale verkosten lassen. Der Anteil, den ich für dich erwählt habe, ist der beste, ich muß dich mit einer sehr großen Liebe lieben, da ich ihn dir vorbehalten habe, meine Viel-Geliebte. Fühlst du dich genug mit Liebe zu deinem Jesus erfüllt, nimmst du diese Leiden an? Willst du mich trösten? Oh, ich bin so verlassen ... Meine Tochter, verlaß mich nicht, ich will dein Herz, ich liebe es, ich habe es für mich erwählt, ich sehne mich nach dem Tag, an dem du ganz mein sein wirst, oh, bewahre mir dein Herz!" – „Ja, Du meine Liebe, mein

Leben, Bräutigam, Viel-Geliebter, den ich anbete, ja, sei ruhig, ich bin bereit, Dir auf diesem Weg der Hingabe und des Opfers zu folgen. Du willst mir alle Dornen zeigen, auf die ich treffen werde. Guter Jesus, wir werden gemeinsam durch sie hindurchgehen; in Deiner Nachfolge, zusammen mit Dir werde ich stark sein. Danke, daß Du ein so armes, geringes Geschöpf wie mich erwählt hast, um Dich zu trösten; Du wußtest gut, daß ich Dich nicht verlassen würde. Wenn ich das täte, würde mich größere Schuld treffen als die Unglücklichen, die Dich vor 2000 Jahren gekreuzigt haben! O höchste Liebe, ich bin ganz Dein; nur hilf Du mir, denn ohne Dich bin ich aller Niederträchtigkeit und Verbrechen fähig" ...

Was mich schmerzt, ist, meine vielgeliebte Mutter zu betrüben. Sie ist bewunderswert, das ist ein Wunder Marias; sie versucht sogar nicht einmal, mich zu beeinflussen. Als sie mir gesagt hat, ich solle überlegen, habe ich ihr geantwortet, meine Antwort in acht Tagen werde die gleiche sein wie heute, aber wenn sie es wünsche, wäre ich einverstanden, noch keine Antwort zu geben ... Nun versteht sie mich ... „Mir hätte es Ruhe verschafft", sagte sie zu mir, „aber Gott hat gewollt, daß es anders kommt!" (J 125)

Am gleichen Tag versichert Sabeth wieder ihre totale Zugehörigkeit zu Jesus allein:

Am Fuß Deines Kreuzes, Viel-Geliebter,
Jesus, meine gekreuzigte Liebe,
Bitte ich Dich wieder, mein Herz zu nehmen,
Ohne es mir jemals wiederzugeben.

Himmlischer Bräutigam, göttlicher Erlöser,
Oh, ich verzichte auf jedes Glück,
Auf jeden Liebesbund auf dieser Erde,
Um Dir voll und ganz zu gehören.

Ungeteilt will ich Dir gehören,
Um Dich inniger zu lieben,
Und um Dir Deine Liebe zu vergelten,
Schenke ich mich Dir für immer.

O mein Bräutigam, mein höchstes Gut,
Du allein weißt, wie sehr ich Dich liebe (P 69).

Angesichts des Widerstandes ihrer Mutter gegenüber ihrer kontemplativen Berufung, mehr noch angesichts des Gewissenskonflikts, den ihr der kränkliche Zustand ihrer Mutter bereitet, hat Elisabeth es ganz angenommen, jetzt den konkreten Willen des Herrn zu erfüllen, auch wenn dies ihrem persönlichen Vorhaben entgegenstehen muß. Das Tagebuch *läßt uns erahnen, daß das Mädchen, ohne – wie ihre Nachbarinnen, die Karmelitinnen – das Gelübde des Gehorsams abgelegt zu haben, zahlreiche Gelegenheiten gehabt hat, ihn zu üben ... Später schreibt sie vom Karmel aus:*

Das Sich-Überlassen, liebe gnädige Frau, das ist es, was uns an Gott ausliefert. Ich bin zwar noch ziemlich jung, aber mir scheint, daß ich bereits recht viel gelitten habe. Immer dann, wenn alles sich verwickelte, wenn die Gegenwart so schmerzlich war und die Zukunft mir noch düsterer erschien, schloß ich die Augen und überließ mich wie ein Kind den Armen dieses Vaters, der im Himmel ist (L 129).

Die Zeit ihres Wartens sah Elisabeth als ein totales Sich-Überlassen. „Ohne das Gesicht zu verziehen" (der Ausdruck stammt von ihrem Beichtvater), geht sie ganz in die Situation des jungen Mädchens in der Welt hinein.

Sie unternimmt also weiterhin im Sommer Reisen und trifft sich mit ihren Freunden in Dijon. Sie kleidet sich elegant, ihre Frisur ist tadellos. Man entdeckt sie im Kreis der Militärsfamilien und auf Tanzabenden, wo viele Treffs stattfinden; ein Bischof wird sich später einmal rühmen, in seiner Jugend mit der Dienerin Gottes getanzt zu haben! Ihre erste Lebensbeschreibung sagt vage über sie: „... Ihr charmantes Äußere ließ viele Hoffnungen um sie herum aufbrechen ..." Aber ihre tiefer blickenden Kameraden sagten zueinander: „Die ist nicht für uns, seht ihren Blick ..."

Sabeth strahlt Seine Liebe wider. Während eines Tanzabends sagt plötzlich eine Frau zu ihr: „Elisabeth, Du siehst Gott ..." Ihr ganzes Wesen ist auf Ihn ausgerichtet. Als Charles Hallo ihr wegen ihrer Talente ein Kompliment macht, erwidert sie in neckischem Ton: „Charles, Du langweilst mich!"

Was sie fesselt, ist Jesus, ist, die Freuden und Peinen Christi zu „teilen" (ein Wort, das sie sehr liebt und das so gut ausdrückt, was sie unter Liebe versteht), bei Ihm zu sein und Ihm rein alles zu schenken. Da sie noch nicht in Seiner Gegenwart im Karmel leben kann, lebt sie in ihrer inneren „Zelle", wie Katharina von Siena.

... Gib mir die Einsamkeit des Herzens. Gib, daß ich in der innigsten Vereinigung mit Dir lebe, daß nichts, aber auch gar nichts mich von Dir ablenken kann, daß mein Leben ein ständiges Gebet ist! Du weißt es, guter Meister: Mein Trost, wenn ich bei diesen Zusammenkünften, auf diesen Festen bin, mein Trost ist es, mich innerlich zu sammeln und mich Deiner Gegenwart zu erfreuen, denn ich nehme Dich so deutlich in mir wahr, o mein höchstes Gut. Bei diesen Zusammenkünften denkt man kaum an Dich, und mir scheint, daß es Dich glücklich macht, wenn ein obgleich so armes und erbärmliches Herz wie das meine Dich nicht vergißt! ... (J 138)

Möge ich in der Welt leben, ohne von der Welt zu sein: Ich kann *in meinem Innern Karmelitin* sein, und ich will es sein. (...) O mein Jesus, ich habe Dir schon seit langem alles gegeben, heute nun erneuere ich diese Hingabe, ich bin Dein kleines Opfer. Oh, Elisabeth muß verschwinden, nur ihr Jesus soll bleiben! (NI 6)

O Jesus, mein Viel-Geliebter, wie tröstlich ist es, Dich zu lieben, Dir zu gehören, Dich als einziges Alles zu haben! Nun, da Du jeden Tag in mein Herz kommst, soll unsere Vereinigung noch inniger sein, mein Leben soll beständiges Gebet sein, ein langer *Liebesakt. Nichts* soll mich von Dir ablenken können, weder der Lärm noch die Zerstreuungen, nichts, nicht wahr? O mein Meister, ich möchte so gern mit Dir in der Stille leben. Was ich jedoch mehr als alles mag, ist, Deinen Willen zu erfüllen, und da Du mich noch in der Welt haben willst, unterwerfe ich mich von ganzem Herzen *aus Liebe zu Dir.* Ich biete Dir die Zelle meines Herzens an, sie soll Dein kleines Bethanien sein; komm und ruh Dich dort aus, ich liebe Dich so sehr. ... Ich möchte Dich trösten, und ich biete mich Dir als Opfer an, o Meister – für Dich, mit Dir. Im voraus nehme ich alle Opfer und alle Prüfungen an, selbst das, Dich nicht mehr in meiner Gegenwart zu spüren. Ich bitte Dich nur um eines: immer, immer großmütig und treu sein zu können und niemals davon abzulassen. Ich will vollkommen Deinen Willen erfüllen, immer auf Deine Gnade antworten; ich verlange danach, mit Dir und für Dich heilig zu sein, aber ich fühle mein Unvermögen, sei Du meine Heiligkeit! Sollte ich jemals davon ablassen, ich beschwöre Dich, ich flehe Dich an: Solange ich ganz Dein bin, führe mich fort, laß mich sterben. Ich bin Deine „kleine Verwöhnte", so sagst Du zu mir, aber bald wird vielleicht die Prüfung kommen, und dann werde ich es sein, die Dich beschenkt. Meister, nicht diese Geschenke, diese Tröstungen, mit denen Du mich überhäufst, suche ich, sondern Dich, Dich allein! Halte Du mich immer, ergreife mich immer mehr; alles in mir gehöre Dir; alles, was Dir mißfällt, zerbreche, reiße heraus, damit ich ganz Dein bin. Jeder Schlag meines Herzens ist ein Akt der Liebe. Mein Jesus, mein Gott, wie gut ist es, Dich zu lieben, voll und ganz Dein zu sein! (NI 5)

Das Wort „Opfer", das wir bei ihr angetroffen haben, ist Therese von Lisieux zu verdanken. 1899 ist Elisabeth eine der ersten, die von der Geschichte einer Seele *begeistert ist … Therese hilft ihr zerstören, was ihrem Gottesbild noch an Jansenismus anhaftet. Vor allem jedoch ist es die ihr Herz überströmende mystische Erfahrung Gottes, die das beste Mittel gegen die Furcht ist. Bereits vor ihrem Eintritt in den Karmel gibt Elisabeth Gott diesen Namen, der ihr sehr lieb bleiben wird: der Gott, der „ganz Liebe" ist.*

Das Mädchen träumte davon, im Karmel bald den Namen Elisabeth von Jesus *anzunehmen. Nicht ohne Opfer nimmt sie dann den Namen* Elisabeth von der Dreifaltigkeit *an, den ihr die Priorin vorschlägt.*

Im Jahre 1900 trifft sie den Dominikaner, Pater Vallée. Sie bereichert sich mit dem, was der Pater ihr über die Liebe sagt, die nicht nur Jesus, sondern Gott, Vater, Wort und Heiliger Geist, ihr erweist!

Sabeth ist zwanzig Jahre alt. Im Sommer 1900 nimmt sie auf einer dreimonatigen Reise ihren großen Abschied von der Welt. Erneut ist sie in Lourdes, in Tarbes …, dann einige Zeit in Carlipa an der Aude.

Vor unserer Ankunft in Carlipa haben wir einen Tag in Biarritz verbracht, um den Ozean kennenzulernen. Wie schön ist das, liebe Freundin! Ich kann Ihnen nicht sagen, wie großartig dieses Schauspiel ist. Ich liebe diesen weiten, unbegrenzten Horizont! Mama und Guite konnten mich nicht aus meiner Betrachtung herausreißen, und ich glaube, sie fanden mich ein wenig langweilig (L 30).

Nicht wahr, man wird nicht müde, dieses schöne Meer zu betrachten? Erinnerst Du Dich noch, wie wir es das letzte Mal zusammen in Biarritz vom Rocher de la Vierge (Fels der seligen Jungfrau) aus gesehen haben? Welch schöne Stunden habe ich dort verbracht! Diese vom Grund kommenden Wellen, die die Felsen überfluteten, waren so schön, meine Seele erbebte vor diesem so großartigen Schauspiel! (L 144)

Auf dem Heimweg nach Dijon haben wir zwei Tage bei einer guten Freundin in Paris verbracht; wir waren sehr froh, sie wiederzusehen. Ich hatte das Glück, auf den Montmartre und nach Notre-Dame-des-Victoires gehen zu können. Wie habe ich für Sie gebetet, liebe Marie-Louise, und für all Ihre Lieben! Wir waren zweimal auf der Weltausstellung, das war sehr schön, aber ich verabscheue diesen Lärm, diese Menschenmenge. Marguerite machte sich über mich lustig und behauptete, ich würde aussehen, als käme ich zurück vom Kongo! (L 35)

Aber da ist auch der andere rückschauende Blick, vier Jahre später vom Karmel aus:

Sage der lieben Frau Lignon, daß ihre kleine Freundin sie immer noch sehr liebt und daß sie die schönen Ferien in Saint-Hilaire, die frohen Abende und den Vierschritt nicht vergißt ... Ich erinnere mich noch, liebe Mama, während ich dort unten in dem großen Saal wie die anderen tanzte und die Quadrillen spielte, war mein Herz ganz im Karmel, der mich so sehr anzog und in dem ich ein Jahr später so viel Glück finden würde. Was für ein Geheimnis! Ich bereue es nicht, mich Ihm hingegeben zu haben, Er wollte es ja, und außerdem weißt Du ja gut, daß ich stets ganz die Deine bin! (L 178)

Ein letztes Mal finden die Treffen und die Abende in Dijon statt, aber auch der apostolische Dienst in den Pfarreien Saint-Michel und Saint-Pierre: die Fürsorge für die Kinder der Arbeiter der Tabakfabrik, die Katechese für die Erstkommunionkinder, die Besuche bei Verwandten und Kranken, der Chor ...

Hören wir Elisabeth acht Monate vor ihrem Eintritt; sie schreibt an Abbé Angles:

Danke für Ihre guten Gebete, ich brauche sie so sehr: Wenn Sie wüßten, wie sehr ich darunter leide, daß meine arme Mama sehr traurig ist, da mein einundzwanzigster Geburtstag näherrückt ... Sie ist hin- und hergerissen: Einen Tag sagt sie das eine zu mir, tags darauf gerade das Gegenteil. Am Allerseelentag schien sie ganz bereit zu sein, sie hat sogar zu mir gesagt, ich könne im kommenden Sommer weggehen. Ich habe so sehr zu meinem armen Papa gebetet, er möge ihr doch gute Dinge einflüstern! Aber zwei Tage später hatte sich ihre Meinung völlig geändert! Der Herr Pfarrer sagte zu mir, ich solle dieser lieben Mama nichts versprechen, wenn sie mich bittet, noch zu warten, ich solle mich auf nichts einlassen. Beten Sie für mich, gelt? Wie hart ist es, denen Leid zuzufügen, die man liebt, aber es ist ja für Ihn! Wenn Er mich nicht halten würde, so frage ich mich in manchen Augenblicken, was würde dann aus mir werden? Aber Er ist mit mir, und mit Ihm vermag man alles. Wie gut ist es, sich in Ihm zu verlieren, in Ihn unterzutauchen, man spürt so gut, daß man nur mehr wie eine Maschine ist und daß Er es ist, der handelt, der Alles ist! Darum liefere ich mich aus, gebe mich meinem vielgeliebten Gott hin. Ich bin so ruhig, ich weiß, wem ich mich anvertraue. Er ist allmächtig, Er soll alles nach seinem Wohlgefallen ordnen. Ich will nur, was Er will, ich verlange nur nach dem, wonach Er verlangt, Ich bitte Ihn nur um eines: Ihn mit ganzer Seele lieben zu können, aber mit einer wahren, starken und großherzigen Liebe! In letzter Zeit waren wir von einer Menge Dinge sehr beansprucht, und nun beginnen die Zusammenkünfte wieder; Sie wissen, wenn ich dies liebe, so opfere ich es ja dem lieben Gott auf. Mir scheint, nichts kann von Ihm ablenken, wenn man nur für Ihn handelt, immer in seiner heiligen Gegenwart, unter diesem göttlichen Blick, der ins Allerinnerste der Seele dringt; selbst mitten in der Welt kann man in der Stille des Herzens, das nur Ihm gehören will, Ihn hören! (L 38)

Die Zeit vergeht schnell. Ihr einundzwanzigster Geburtstag und die Zeit zum Eintritt in den Karmel nähern sich. Elisabeth macht eine Zeit der Dunkelheit in ihrer Suche nach Gott durch.

O mein Gott, wie sehr leide ich. Aber ich will gerne solange in diesem Zustand verbleiben, wie es Dir gefällt; denn dieses glückselige Leid reinigt meine Seele, die Du inniger mit Dir vereinen willst. Immer noch, immer noch, solange Du willst, aber halte mich, ich bin so schwach. Du siehst ja, daß ich Dich, Dich allein liebe, an Dir allein hänge! ... O Liebe, wie gut und schön ist es, Dich beschenken zu können, Dich, der Du mich so sehr verwöhnt hast! (NJ 11)

Dort, am Fuß des Kreuzes fühlt man sich als seine Braut; alle diese Dunkelheiten, alle diese Leiden schälen sie los, um sie an unser Einziges Alles zu binden; sie reinigen sie so, damit sie zur Vereinigung gelangt. O meine Schwester, diese göttliche Vereinigung, wann wird sie in unseren Seelen vollendet sein? „Gott in mir, ich in Ihm", das soll unser Wahlspruch sein. Wie gut ist diese Gegenwart Gottes in uns, in diesem innersten Heiligtum unserer Seelen! Dort finden wir Ihn immer, auch wenn wir mit dem Gefühl seine Gegenwart nicht mehr wahrnehmen, aber Er ist dennoch dort (L 47).

... das ist nicht nur ein Schleier, sondern eine Mauer, die Ihn vor mir versteckt. Nicht wahr, das ist recht hart, nachdem man Ihn so nahe gefühlt hat, aber ich bin bereit, so lange in diesem Seelenzustand zu bleiben, wie es meinem Viel-Geliebten gefällt, mich darin zu lassen. Denn der Glaube sagt mir, daß Er dennoch da ist, und wozu sind diese Tröstungen überhaupt gut? Das ist nicht Er. Und Er allein ist es ja, den wir suchen, nicht wahr, meine gute Marguerite. Gehen wir also zu Ihm durch den reinen Glauben. O meine Schwester, niemals habe ich so sehr meine Armseligkeit verspürt, niemals habe ich mich so erbärmlich gesehen. Aber diese Erbärmlichkeit drückt mich nicht nieder, im Gegenteil, ich bediene mich ihrer, um zu Ihm zu gehen, und ich denke, meine so große Schwachheit ist der Grund, daß Er mich so geliebt hat, mir so viel geschenkt hat. Kürzlich war der Jahrestag meiner ersten heiligen Kommunion, zehn Jahre ist das schon her! Ah, wenn ich an all die Gnaden denke, mit denen Er mich überschüttet hat! (L 53)

Äußerlich jedoch ist sie ein frohes junges Mädchen, das nur die große Sorge hat, ihren Christus „widerzuspiegeln". Sie schreibt ihrer Mutter und ihrer Schwester, die sich auf einer Reise befinden:

Wir haben anschließend bei dem neuen Wäschehändler in der Rue de la Liberté den Flanell für Marie-Louise gekauft; er hat eine erfreuliche Auswahl, man braucht nicht nach Tarbes zu schreiben. Der Stoff, den wir ausgesucht haben, ist kariert, rosa auf rotem Untergrund; wir werden ihn gleich nähen, ich hoffe, daß es gelingt, ich werde meine ganze Sorgfalt darauf verwenden! Frau Hallo hat uns danach in die Konditorei eingeladen (...) Frau Hallo hat mir ein ausgezeichnetes Abendessen mit köstlichen Zwischengerichten serviert, gern hätte ich Euch etwas davon geschickt. Sind Eure Sandwichs gut angekommen? Nach dem Abendessen hat Charles uns ein Konzert gegeben; er hat uns quer durch den *„Barbier von Sevilla"* geführt. (...) Ich empfehle Guite Mamas Frisur: Bitte den Bleiglas-Kamm nicht vergessen und vorne eine Schleife legen; das Ende vor dem Formen des Knotens in Puder eintauchen (L 46).

Denken Sie Sonntagabend an mich, das wäre sehr lieb von Ihnen. Ich werde zu dieser Abendveranstaltung gehen, mein Leib wird dort anwesend sein, aber das ist alles. Denn wer könnte mein Herz von Dem ablenken, den ich liebe! Und sehen Sie, ich glaube, Er wird glücklich sein, wenn ich dort bin. Bitten Sie Ihn, derart in mir zu sein, daß man Ihn wahrnimmt und an Ihn denkt, wenn man sich seiner armseligen kleinen Braut nähert! ... Wir sind seine lebenden Hostien, seine kleinen Ziborien, alles in uns soll Ihn widerspiegeln, mögen wir Ihn doch den Seelen weiterschenken! Es ist so gut, Ihm zu gehören, ganz sein, seine Beute, sein Opfer der Liebe zu sein! (L 54)

... ich wünsche Ihnen die Liebe; dieses Wort schließt, wie mir scheint, alle Heiligkeit in sich ein. Lieben wir Ihn also leidenschaftlich, aber mit dieser tiefen, stillen Liebe! (L 73)

Im Juni 1901 leidet sie an einem Kniegelenkserguß (offensichtlich verursacht durch die heimlichen Gebetsstunden, die sie kniend verbracht hatte). Sie schreibt an Abbé Angles:

Ich kann nicht zur Kirche gehen, nicht zur heiligen Kommunion. Aber sehen Sie, der liebe Gott braucht das Sakrament nicht, um zu mir zu kommen; mir scheint, ich habe Ihn jetzt ebenso nahe. Diese Gegenwart Gottes ist so gut! Dort, ganz auf dem Grund, im

Himmel meiner Seele, finde ich Ihn gern, weil Er mich ja nie verläßt. „Gott in mir, ich in Ihm", oh, das ist mein Leben! ... Nicht wahr, es ist so gut, zu denken, daß wir Ihn – mit Ausnahme des Schauens – bereits genauso besitzen wie die Seligen dort oben; daß wir Ihn nie mehr verlassen können, uns niemals mehr von Ihm ablenken lassen! Oh, bitten Sie Ihn inständig darum, daß ich mich ganz ergreifen lasse, ganz in Besitz nehmen lasse! ...

Habe ich Ihnen schon meinen Karmelnamen gesagt? „Maria Elisabeth von der Dreifaltigkeit". Mir scheint, dieser Name weist auf eine besondere Berufung hin. Nicht wahr, er ist schön? Ich habe dieses Geheimnis der Heiligsten Dreifaltigkeit so gern, es ist ein Abgrund, in dem ich mich verliere! ...

Nur noch ein Monat, lieber Herr! Diese letzten Monate sind eine Agonie, arme Mama, oh, beten Sie für sie! Ich überlasse alles dem lieben Gott. „Denke du an mich, und ich werde an dich denken", sagte Er zur heiligen Katharina von Siena. Das Sich-Überlassen ist so gut, besonders wenn man Den kennt, dem man sich ausliefert! Auf Wiedersehen, lieber Herr, ich sende Ihnen ein Photo von mir; als es gemacht wurde, habe ich an Ihn gedacht, es bringt Ihnen also Ihn. Wenn Sie es anschauen, beten Sie für mich, ich brauche es, das versichere ich Ihnen (L 62).

Der Domherr Angles erwähnt später „zwei Lieben", die, wie ein senkrechter und waagerechter Balken, im Herzen Elisabeths ein Kreuz bilden: „die Liebe zu

Gott und die Liebe zu ihrer Mutter, die sie sehr innig liebte.“ – „Meine armen Lieben, die ich kreuzige“ (L 71), *stöhnt sie, wenn sie an ihre Mama und Guite denkt ...*

(...) der liebe Gott hat mir ein sehr liebevolles und sehr treues Herz geschenkt, und wenn ich liebe, dann ist es nicht nur ein wenig! ... (L 65)

Ich bin ganz durcheinander. Heute morgen war ich noch nicht einmal in der heiligen Messe, nachdem ich die Nacht mit meinem *Brechnapf an der Seite* verbracht habe! Ich leide darunter, meine liebe Framboise, daß ich den anderen Leiden verursache; alles schmerzt (L 67).

Aber die Tochter des Offiziers weicht vor den größten Opfern nicht zurück, wenn es darum geht, der höchsten Liebe zu antworten.

Die Priorin des Karmel kennt den Wert ihrer jungen Postulantin und hat beschlossen, sie zu der Neugründung in Paray-le-Monial mitzunehmen. Elisabeths Koffer befinden sich bereits dort, als man im letzten Augenblick beschließt, sie in Dijon eintreten zu lassen.

---

7 *Elisabeth am Tag ihrer ersten hl. Kommunion am 19. April 1891*

8 *Elisabeth mit ihrer Schwester Marguerite (1893)*

7

8

Es sind herzzerreißende Stunden, dieser letzte Abend, diese letzte gemeinsame Nacht ...

Aber der 2. August 1901 bringt Elisabeth auch den tiefen Frieden, endlich zu ihrem Jesus ja sagen zu können, der sie im Karmel haben will. Am Morgen dieses Tages schreibt sie noch dem Domherrn Angles:

In der Acht-Uhr-Messe werden wir zur heiligen Kommunion gehen, und danach, wenn Er in meinem Herzen sein wird, wird Mama mich zur Klosterpforte bringen! Ich liebe meine Mutter mehr denn je, und in dem Augenblick, da sich das Opfer vollendet, das mich von diesen beiden so guten geliebten Geschöpfen, die Er für mich ausgewählt hat, trennen wird, wenn Sie wüßten, welcher Friede da meine Seele erfüllt! Das ist nicht mehr die Erde, ich fühle, daß ich ganz sein bin, ich will nichts mehr für mich zurückbehalten, ich werfe mich in seine Arme wie ein kleines Kind (L 81).

---

9 Elisabeth mit 13 Jahren auf Schloß Gemeaux

2. Karmelitin

Ah, wenn Du wüßtest, wie gut es auf dem Karmelberg ist! Ich habe alles verlassen, um ihn besteigen zu können, aber mein Jesus ist mir zuvorgekommen. Er hat mich in seine Arme genommen, um mich zu tragen wie ein ganz kleines Kind und um alles zu ersetzen, was ich um Seinetwillen verlassen habe (L 116).

Einige Tage nach dem Eintritt Sabeths schickt eine Karmelitin von Dijon einige Photos an den Karmel in Lisieux und schreibt diesen verblüffenden Satz: „... eine Postulantin, die erst drei Tage hier ist, aber bereits seit ihrem siebten Lebensjahr nach dem Karmel trachtet, Schwester Elisabeth von der Dreifaltigkeit. Sie wird einmal eine Heilige werden, denn sie hat bereits bemerkenswerte Anlagen dazu." Tatsächlich beeindruckt Elisabeth durch ihre Tugenden und ihre Sammlung.

Ihre Zelle (ohne Heizung, ohne fließendes Wasser und ohne elektrisches Licht) hat zum Klosterhof hin ein Fenster, wo mitten im Grünen ein Kreuz ohne Korpus steht. Die drei Flügel des Hauses lassen von der Süd-West-Seite her die Sonne hereinleuchten; über dem Kloster, hinter den neugotischen Spitzbogen, erblickt Elisabeth die Bäume eines der drei Gärten, die das große Kloster umgeben.

Die ersten Nachrichten sind glücklich und ermutigend:

Mir geht es gesundheitlich sehr gut, ich habe wieder den gleichen Appetit wie früher und mache der Karmelküche alle Ehre. Alice sagte mir, Du würdest wünschen, daß ich ein wenig Wein trinke; weißt Du nicht mehr, daß ich ihn nicht verdauen kann? Auf unserem Strohsack schlafe ich richtig selig; schon lange war das nicht mehr der Fall gewesen. In der ersten Nacht fühlte ich mich unsicher und fragte mich, ob ich nicht herunterrollen würde (L 85).

Überall ist nur Er. Man lebt Ihn, man atmet Ihn ein. Wenn Sie wüßten, wie glücklich ich bin, meine Welt wird jeden Tag weiter (L 89).

Mir fehlen die Worte, um mein Glück ausdrücken zu können; jeden Tag schätze ich es höher. Hier ist nichts mehr, nichts mehr außer Ihm, Er ist Alles, Er genügt, und von Ihm allein lebt man. Man findet Ihn überall, bei der Wäsche wie beim Gebet! Am liebsten sind mir die Stunden des großen Stillschweigens. Während dieser Zeit schreibe ich Ihnen auch jetzt. Stellen Sie sich Ihre Elisabeth in ihrer kleinen Zelle vor, die ihr so lieb ist: Das ist unser Heiligtum, nur für *Ihn* und für mich, und Sie werden die glücklichen Stunden erahnen, die ich hier mit meinem Viel-Geliebten verbringe!

Jeden Sonntag haben wir das Allerheiligste im Chor. Wenn ich die Tür öffne und den göttlichen Gefangenen betrachte, der mich zu seiner Gefangenen in diesem lieben Karmel gemacht hat, scheint es mir, daß es die Tür zum Himmel ist, die sich ein wenig öffnet! Dann führe ich meinem Jesus all diejenigen vor, die in meinem Herzen sind, und dort, bei Ihm, finde ich sie wieder. (...) Diese Jahre des Wartens bereue ich nicht, mein Glück ist so groß, es mußte erkauft werden. Wie ist der liebe Gott doch so gut! ... (L 91)

Nach der Abreise von zehn Schwestern zu der Karmelneugründung in Paray-le-Monial werden am 9. Oktober zwei recht junge Schwestern, beide aus Dijon, zur Leitung der Kommunität gewählt. Germaine de Jésus, einunddreißig Jahre alt, wird Priorin. Marie de la Trinité, sechsundzwanzig Jahre alt, ist die neue Subpriorin. Im „Noviziat", in dem man nach der Profeß noch drei Jahre lang verbleibt (damals legte man nach einem mehrmonatigen Postulat und einem Jahr Noviziat gleich die ewige Profeß ab), trifft Elisabeth noch zwei junge Schwestern an. Mutter Germaine übernimmt, zusammen mit ihrem Amt als Priorin, das Amt der Novizenmeisterin.

Nach knapp vier Monaten Karmelleben wird Elisabeth – nach einstimmiger Zulassung durch ihre Kommunität – am 8. Dezember 1901 eingekleidet.

Am 8. also, an diesem schönen Fest ihrer Unbefleckten Empfängnis, wird Maria mich mit meiner geliebten Karmeltracht bekleiden. Auf den schönen Tag meiner Verlobung werde ich mich durch dreitägige Exerzitien vorbereiten. Sehen Sie, wenn ich daran denke, meine ich, schon nicht mehr auf Erden zu sein! Beten Sie viel für Ihre kleine Karmelitin, damit sie sich ganz ausliefert, ganz hingibt und das Herz ihres Meisters erfreut. Ich möchte Ihm am Sonntag etwas so Gutes geben, denn ich liebe meinen Christus so sehr ... (L 99)

In der Stille und Einsamkeit ihres beschaulichen Lebens sucht ihr ganzes Herz, das so voll Bewunderung, so überquellend, so treu und so gut zum Lieben gemacht ist, durch alles hindurch Gott.

Sie fragen mich, welche Beschäftigungen ich im Karmel habe. Ich könnte Ihnen zur Antwort geben, daß es für eine Karmelitin nur eine gibt: „Lieben, beten." Sie hat jedoch, obwohl sie bereits im Himmel lebt, noch einen Leib auf der Erde. Darum muß sie, wobei sie sich ganz der Liebe hingibt, eine Beschäftigung haben, um den Willen Dessen zu erfüllen, der all diese Dinge zuerst getan hat, um uns ein Beispiel zu geben. Wir beginnen den Tag um 5 Uhr morgens mit einer Stunde innerem Gebet, dann verbringen wir noch eine weitere Stunde im Chor, um das heilige Offizium zu rezitieren ... Anschließend ist Messe. Um 2 Uhr beten wir die Vesper, um 5 Uhr haben wir wieder inneres Gebet bis um 6 Uhr. Um 7.45 Uhr ist Komplet. Anschließend, bis zur Matutin, die um 9 Uhr rezitiert wird, beten wir, und erst gegen 11 Uhr verlassen wir den Chor, um uns zur Ruhe zu begeben. Im Laufe des Tages haben wir zwei Stunden Rekreation; außerhalb dieser Zeit herrscht Stillschweigen. Ich arbeite, soweit ich nicht mit Kehren beschäftigt bin, auf unserer kleinen Zelle. Ein Strohsack, ein einfacher Stuhl, ein Schreibpult auf einem Brett, das ist die Einrichtung unserer Zelle, aber sie ist ganz erfüllt von Gott, und ich verbringe dort so gute Stunden allein mit dem Bräutigam. Für mich ist die Zelle etwas Heiliges, sie ist sein innerstes Heiligtum, nur für Ihn und seine kleine

Braut. „Wir beide" verstehen uns so gut miteinander, ich schweige, ich höre Ihm zu ... Es ist so gut, alles von Ihm zu vernehmen; und ich liebe Ihn, während ich die Nadel durch diesen geliebten groben Wollstoff ziehe, den zu tragen ich so sehnlich gewünscht habe (L 168).

... Beten Sie ein wenig dafür, daß das kleine „Haus Gottes" *(das ist die Bedeutung des hebräischen Namens „Elisabeth")* ganz erfüllt, ganz durchdrungen wird von den drei göttlichen Personen! Ich bin aufgebrochen in die Seele meines Christus, und dort werde ich meine Fastenzeit verbringen; bitten Sie Ihn darum, daß nicht mehr ich lebe, sondern daß Er in mir lebt, daß das „Einssein" sich immer mehr verwirklicht, daß ich stets im tiefen Schauen auf Ihn bleibe! Wie mir scheint, liegt hierin das Geheimnis der Heiligkeit, und das ist so einfach! O meine gute Mutter, sagen zu dürfen, daß wir den Himmel in uns haben, diesen Himmel, nach dem ich mich manchmal so sehne ...! Wie gut wird es sein, wenn endlich der Schleier fällt und wir uns daran erfreuen, *den* von Angesicht zu Angesicht zu schauen, den wir über alles geliebt haben! Bis dahin lebe ich in der Liebe, da hinein versenke ich mich, darin verliere ich mich: Es ist das Unendliche, dieses Unendliche, nach dem meine Seele dürstet. Aber Sie kennen sie ja, die Seele Ihrer Elisabeth, für die Sie so viel getan haben. Das alles vergißt sie nicht: Sie wissen, daß der liebe Gott ihr ein dankbares Herz geschenkt hat, ein liebendes Herz voller Zärtlichkeit (L 107).

Wenn Sie Frau von Anthès schreiben, sagen Sie ihr bitte, daß ich ganz besonders für sie bete und ihr Anliegen nicht vergesse. Auch die Ihrigen, liebe gnädige Frau, sind nicht vergessen. Sie kennen mich genug, um zu wissen, daß diejenigen, die ich einmal in mein Herz geschlossen habe, es nie mehr verlassen können, und wo könnte man sie auch besser wiederfinden als in Dem, der Anfang und unlösliches Band echter und inniger Liebe ist – Liebe, die weder Zeit noch Raum zerstören kann (L 146).

Ja, ... leben wir mit Gott wie mit einem Freund, haben wir lebendigen Glauben, um durch alles hindurch mit Ihm vereinigt zu sein; das ist es, was heilig macht. Wir tragen unseren Himmel in uns, denn Derjenige, der die Verherrlichten im Lichte der Anschauung sättigt, schenkt sich uns im Glauben und im Geheimnis; es ist der gleiche! Mir scheint, ich habe meinen Himmel auf Erden gefunden, denn der Himmel ist Gott, und Gott ist in meiner Seele. An dem Tag, da ich dies verstanden habe, ist in mir alles hell geworden, und ich möchte dieses Geheimnis ganz leise allen mitteilen, die ich liebe, damit auch sie, durch alles hindurch, immer Gott anhangen, und damit sich das Gebet Christi erfüllt: „Vater, sie sollen eins sein!" (L 122)

Bleibe mit den Drei vereinigt, durch alles hindurch, denn das ist die Mitte, in der wir zusammenkommen. Ich liebe Dich sehr, meine Guite, meine heilige Kommunion am Sonntag wird für Dich sein. Den Tag werde ich dann im Chor verbringen, und Du wirst bei mir sein. Nicht wahr, es ist gut, bei Ihm zu sein? Schau, Er ist meine Unendlichkeit, in Ihm liebe ich, bin ich geliebt und habe alles (L 117).

Mein Verlobter ist so schön, Mama, ich liebe Ihn leidenschaftlich, ich verwandle mich in Ihn (L 130).

Ja, meine Liebe, ich bete für Dich und trage Dich in meiner Seele ganz nahe beim lieben Gott, in diesem kleinen allerinnersten Heiligtum, wo ich Ihn Tag und Nacht zu jeder Stunde antreffe. Nie bin ich allein: Mein Christus ist immer da und betet in mir, und ich bete mit Ihm. Du machst mir Sorgen, meine Framboise; ich sehe wohl, daß Du unglücklich bist, und daran bist Du selber schuld, ich versichere es Dir. Sei ruhig, ich glaube nicht, daß Du verrückt bist, sondern nervös und überreizt, und wenn Du in dieser Verfassung bist, verursachst Du auch den anderen Leid. Könnte ich Dir doch das Geheimnis des Glücks beibringen, wie der liebe Gott es auch mich gelehrt hat! (...) Du mußt Dir wie ich im Innern Deiner Seele eine kleine Zelle bauen, Du mußt denken, daß der liebe Gott dort ist, und mußt von Zeit zu Zeit dort hineingehen, wenn Du Deine Nerven verspürst, wenn Du traurig bist, geh schnell dahin und vertrau das alles Deinem Meister an. Wenn Du ihn ein wenig kennen würdest, würde Beten Dich nicht langweilen; mir kommt es vor wie eine Erholung, eine Entspannung: Man kommt ganz einfach zu Dem, den man liebt, bleibt ganz nahe bei Ihm wie ein kleines Kind in den Armen seiner Mutter und läßt seinem Herzen freien Lauf. Du hast früher so gern ganz nahe bei mir gesessen und Dich mir anvertraut; genauso mußt Du zu Ihm hingehen. Wenn Du wüßtest, wie gut Er Dich versteht ... Du würdest nicht mehr leiden, wenn Du das verstehen würdest. Dies ist das Geheimnis des Karmellebens: Das Leben einer Karmelitin ist die Vereinigung mit Gott vom Morgen bis zum Abend und vom Abend bis zum Morgen. Würde Er nicht unsere Zellen und unsere Gänge erfüllen, wie wäre alles so leer! Aber durch alles hindurch sehen wir Ihn, denn wir tragen Ihn in uns, und unser Leben ist ein vorweggenommener Himmel. Ich bitte den lieben Gott, Dich all diese Geheimnisse zu lehren (L 123).

Das Leben der Karmelitin Elisabeth ist ein verborgenes Leben ... Ein Leben im Dienst der Kirche – Gemeinschafts- und Einsiedlerleben zugleich –, getragen vom Rhythmus der liturgischen Zeiten und Feste, der Sonntage und einer ziemlich unveränderlich bleibenden Tagesordnung. In dieser kontemplativen Monotonie ist die große Überraschung Gott, der anwesend ist im Glauben und in der Liebe.

Ich habe eine sehr gute Fastenzeit verbracht. Von all dem, was ich bisher im Karmel erlebt habe, ist nichts so schön wie die Karwoche und Ostern; ich möchte sogar sagen, daß das etwas Einzigartiges ist. Wenn wir uns wiedersehen, werde ich es Dir erzählen. O meine Liebe, wie glücklich macht es, im vertraulichen Umgang mit dem lieben Gott zu leben, aus seinem Leben ein Leben Herz an Herz, einen Liebesaustausch zu machen und den Meister auf dem Grund seiner Seele finden zu können. Dann ist man nie mehr allein, sondern braucht die Einsamkeit, um sich der Gegenwart dieses angebeteten Gastes zu erfreuen. Siehst Du, meine Framboise, Du mußt Ihm in Deinem Leben seinen Platz geben – in Deinem Herzen, das Er so mit Liebe, so mit Leidenschaft erfüllt hat. Wenn Du wüßtest, wie gut Er ist, ja, daß Er ganz Liebe ist! Ich bitte Ihn, Deiner Seele offenbar zu werden, der Freund zu sein, den Du immer aufsuchen kannst; dann wird alles hell, und es ist so gut zu leben! (L 161)

... Die Fastenzeit, die Karwoche, der Ostertag im Karmel – das ist etwas Einzigartiges! Mit welcher Freude habe ich das Halleluja gesungen, eingehüllt in den weißen Mantel, bekleidet mit diesem geliebten Karmelgewand, nach dem ich so sehr verlangt habe! Der Gründonnerstag, den ich in Seiner Nähe verbracht habe, war sehr gut, ich versichere es Ihnen, und ich hätte auch die Nacht bei Ihm verbracht, aber der Meister wollte, daß ich mich ausruhe. Das macht nichts, nicht wahr, man findet Ihn im Schlaf ebenso wie beim Gebet, da Er ja in allem ist, überall und immer! (L 111)

... wie schön ist die Karwoche im Karmel; ich hätte Euch gerne bei unseren schönen Offizien gesehen, vor allem an unserem schönen Osterfest. An dem Tag singen wir die Matutin um 3 Uhr morgens; in Prozession ziehen wir in den Chor ein, bekleidet mit unseren weißen Mänteln, eine Kerze in der Hand und das Regina Coeli singend. Um 5 Uhr haben wir die Auferstehungsmesse und anschließend eine herrliche Prozession durch unseren schönen Garten. Alles war so ruhig, so geheimnisvoll, es schien, als ob uns auf den einsamen Alleen der Meister erscheinen würde wie einst Maria Magdalena; und wenn unsere Augen Ihn nicht erblickt haben, so sind Ihm doch wenigstens unsere Seelen im Glauben begegnet. Der Glaube ist etwas so Gutes, es ist der Himmel in der Dunkelheit. Aber einmal wird der Schleier fallen, und in seinem Licht werden wir Den schauen, den wir lieben; inzwischen, bis der Bräutigam das „Veni" spricht, muß man sich ganz hergeben, für Ihn leiden und vor allem viel lieben (L 162).

O ja, meine liebe Guite, dieses Fest der Dreieinigkeit ist ganz mein Fest, für mich gibt es keines, das diesem gleich ist. Es war sehr gut im Karmel, denn es ist ein Fest der Stille und der Anbetung. So gut habe ich noch nie dieses Geheimnis und die ganze Berufung verstanden, die in meinem Namen enthalten ist. Ich habe Dich der Dreifaltigkeit übergeben, meine liebe Guite; Du siehst, wie ich über Dich verfüge. Ja, in diesem großen Geheimnis verabrede ich mich mit Dir. Er sei unsere Mitte, unsere Wohnung (L 113).

Den Sonntag werde ich mit Ihnen zusammen zu Ehren der Heiligsten Dreifaltigkeit verbringen; o meine kleine Germaine, wie gut ist der liebe Gott, daß Er uns den Liebreiz dieses Geheimnisses geschenkt hat (L 164).

... wenn Sie mir gern Ihre Seele überlassen wollen, so werde ich sie der Heiligsten Dreifaltigkeit weihen, damit Sie in die Tiefe dieses Mysteriums hineingenommen werden und damit diese Dreiheit, die wir alle beide so sehr lieben, wirklich die Mitte sei, in der sich unser Leben vollzieht! Die heilige Teresa sagt, daß die Seele wie ein Kristall ist, in dem sich die Gottheit widerspiegelt. Ich habe dieses Gleichnis so gern, und wenn ich die Sonne mit ihren Strahlen in unsere Klostergänge eindringen sehe, denke ich, daß Gott ebenso in die Seele einbricht, die nur Ihn sucht! Meine Liebe, wir wollen im vertraulichen Umgang mit unserem Viel-Geliebten leben; gehören wir Ihm ganz, so wie Er ganz uns gehört! Sie können Ihn nicht so oft empfangen, wie Sie es wünschen, und ich verstehe Ihr Opfer so gut. Aber denken Sie, daß seine Liebe nicht das Sakrament braucht, um zu seiner kleinen Germaine zu gelangen: Seien Sie den ganzen Tag mit Ihm innerlich vereint, Er lebt ja in Ihrer Seele (L 136).

Vor der Matutin schreibe ich Euch von unsrer geliebten kleinen Zelle aus und möchte gern ein Maler sein, um Euch den Rahmen um mich herum zu skizzieren. Es ist ein schöner, sternenklarer Himmel; durch die zugefrorenen Scheiben wirft der Mond seinen Schein in unsere Zelle, das sieht herrlich aus; unser Fenster geht zum Klosterhof hin, dem inneren Garten, der von unsern weiten Klostergängen umrahmt ist; in der Mitte auf einem Felsblock ist ein großes Kreuz aufgerichtet. Alles ist still und ruhig, und das erinnert mich an die Nacht, in der uns der kleine Jesus geschenkt worden ist. Mir kommt es vor, als hörte ich die Engel ihren süßen Gesang singen: „Wir wollen uns freuen, ein Retter ist uns geschenkt." Liebe Tanten, habt Ihr ein schönes Weihnachtsfest verbracht? Das meinige war herrlich; denn seht, Weihnachten im Karmel ist einzig. Am Abend habe ich mich in den Chor begeben und dort zusammen mit der heiligen Jungfrau den ganzen Abend verbracht in Erwartung des göttlichen Kleinen, der diesmal nicht mehr in der Krippe, sondern in meiner Seele, in unseren Seelen, geboren werden sollte; denn Er ist ja Emmanuel, der „Gott mit uns" (L 187).

Das schöne Weihnachtsfest, das ich schon immer so sehr geliebt habe, hat im Karmel ein ganz besonderes Gepräge. Diesmal verbrachte ich Heiligabend nicht zusammen mit Mama und Guite, sondern statt dessen in tiefer Stille im Chor ganz nahe bei Ihm, und ich liebte es, mir selber zu sagen: „Er ist mein Alles, mein einziges Alles." Mit welchem Glück und welchem Frieden erfüllt das die Seele! Er ist der Einzige, ich habe Ihm alles gegeben. Wenn ich es von der irdischen Seite her betrachte, so erblicke ich Einsamkeit, ja Leere; denn ich kann nicht sagen, daß mein Herz nicht gelitten hat. Aber wenn mein Blick immer fest auf Ihn, meinen strahlenden Stern, gerichtet bleibt, ja, dann verschwindet alles andere, und ich verliere mich in Ihm wie ein Wassertropfen im Ozean. Es ist alles ganz still, ganz mit Frieden erfüllt, und der Friede des lieben Gottes ist so gut. Von ihm spricht der heilige Paulus, wenn er sagt, daß er „alles Begreifen übersteigt"! (L 190)

Unter der Leitung von Mutter Germaine ist der Karmel von Dijon eine glückliche und glühende Kommunität, in der Elisabeth mit ihrem Frohsinn und ihrer Einfachheit, ihrer Liebenswürdigkeit und ihrer Dienstbereitschaft ihren Teil beiträgt. Sie wirkt mit bei den verschiedenen Aufgaben des Gemeinschaftslebens; sie hilft in der Wäscherei, und nach ihrer Profeß ist sie zweite Pfortenschwester. Mehrmals wird sie später damit beauftragt, neue Postulantinnen in die klösterlichen Gepflogenheiten einzuführen.

Ein kurzer Brief an Schwester Louise de Gonzague, der Hauptverantwortlichen für die Kleiderversorgung, gibt uns eine Vorstellung von ihrem Taktgefühl und ihrem Humor in den täglichen Begegnungen mit ihren Schwestern:

Ich bin etwas ratlos, wo ich den Flicken aufsetzen soll, den Sie mir soeben gegeben haben. Um der größeren Sicherheit willen habe ich auf keiner Seite genäht. Ich wäre Ihnen sehr dankbar, wenn Sie nach der Messe bei mir vorbeikommen könnten. Gehen Sie bitte hinein und kennzeichnen Sie mir die Stelle. Schauen Sie auch bitte, was ich mir für das Vorderteil *(des Kleidungsstückes)* vorgestellt habe, das zu eng war. Wenn Sie meine Idee schlecht finden, sagen Sie mir bitte, wie es besser wäre. Auf unserem Tisch finden Sie Papier und Bleistift, falls Sie Ihrer kleinen Helferin noch eine Erklärung geben wollen, die Sie sehr liebt und für Sie betet (L 254).

Ein Jahr nach ihrem Eintritt schreibt die Novizin:

Ja, ich habe Ihn gefunden, Ihn, den meine Seele liebt, diesen Einzig Notwendigen, den niemand mir rauben kann. Wie gut ist Er, wie schön ist Er, ich möchte ganz still, ganz anbetend sein, um immer tiefer in Ihn einzudringen und so erfüllt zu sein von Ihm, daß ich Ihn durch mein Gebet diesen armen Menschen schenken kann, die nichts von der Gabe Gottes wissen. (...) Bitten Sie Gott, daß ich mein Leben als Karmelitin, mein Leben als Verlobte Christi *ganz* lebe; es baut auf so tiefen Vereinigungen auf! Warum hat Er mich so geliebt? ... Ich fühle mich so klein, so voller Erbärmlichkeit, aber ich liebe Ihn, ich kann nur dies eine tun. Ich liebe Ihn mit Seiner Liebe. Es ist ein doppelter Strom zwischen Dem, der ist, und derjenigen, die nicht ist! Wenn ich fühle, wie mein Gott meine ganze Seele durchdringt, wie sehr bete ich dann für Sie! Mir scheint, es ist ein Gebet, dem Er nicht widersteht, und ich will, daß Er mir Allmacht schenkt (J 131).

Sie meditiert über die Karmelberufung und über ihre bevorstehende Profeß:

Eine Karmelitin, meine Liebe, ist eine Seele, die *den Gekreuzigten betrachtet hat,* die gesehen hat, wie Er sich seinem Vater als Opfer für die Seelen anbietet; in diesem tiefen Schauen der Liebe Christi gesammelt, hat sie die Liebespassion seiner Seele erkannt und sich wie Er hingeben wollen! ... Und auf dem Karmelberg, in der Stille, in der Einsamkeit, in einem Gebet, das niemals endet, da es sich durch alles hindurch fortsetzt, da lebt die Karmelitin bereits wie im Himmel: „*von Gott allein*". Der Gleiche, der einmal ihre Seligkeit sein wird und sie in der Herrlichkeit sättigt, gibt sich ihr bereits jetzt, Er verläßt sie nie, Er bleibt in ihrer Seele; und mehr als das: alle beide werden eins. Darum *hungert sie nach Stille,* um Ihn immer zu hören, um immer tiefer in sein Unendliches Sein einzudringen. Mit Dem, den sie liebt, ist sie gleichförmig, sie findet Ihn überall, sie sieht Ihn durch alles hindurchstrahlen! Nicht wahr, das ist der Himmel auf Erden! Diesen Himmel, meine kleine Germaine, tragen Sie in Ihrer Seele; Sie können bereits Karmelitin sein, denn eine Karmelitin wird von Jesus an ihrem Innern erkannt (L 133).

Man muß sein Leben als Braut auch leben! „Braut": was läßt dieser Name alles an geschenkter und empfangener Liebe erahnen! An Vertrautheit, Treue, totaler Selbsthingabe! ... Braut sein, das heißt, ausgeliefert sein, wie Er sich ausgeliefert hat; das heißt, geopfert werden wie Er, durch Ihn, für Ihn ... das heißt, Christus schenkt sich uns ganz, und wir werden „ganz sein"! ...

Braut sein, das heißt, volles Recht auf Sein göttliches Herz haben ... Es ist ein Herz-an-Herz für's ganze Leben ... Braut sein heißt, leben mit ... immer mit ... Es heißt, ganz in Ihm ruhen und Ihm erlauben, sich ganz in unserer Seele auszuruhen! ...

Es heißt, nur noch lieben können; anbetend, wiedergutmachend, betend, bittend, sich selbst vergessend; immer und unter allen Formen lieben!

„Braut" sein, das heißt, den Blick ganz in den Seinen tauchen, die Gedanken bei Ihm, das Herz ganz ergriffen, ganz durchdrungen, wie außer sich und in Ihn übergegangen; die Seele erfüllt mit seiner Seele, erfüllt mit seinem Gebet; das ganze Wesen gefangen und hingegeben ...

Es heißt, stets fest den Blick auf Ihn gerichtet haben und das kleinste Zeichen, den geringsten Wunsch Ihm von den Augen ablesen; es heißt, an allen seinen Freuden teilhaben und all seine Trauer und Betrübnis mittragen. Es heißt, fruchtbar sein, miterlösen, Seelen gewinnen durch die Gnade der Wiedergeburt, die Schar der vom Vater angenommenen Kinder, der von Christus Erlösten, der Miterben seiner Herrlichkeit, vergrößern (NI 13).

Wenn die vier Monate ihres Postulates eine Zeit der Freude und des Lichtes waren, so ist nun das Noviziatsjahr recht hart und mühevoll. Aber sich zu beklagen, gehört nicht zu ihrer Veranlagung. In ihren Briefen an ihre Familie und ihre Freundinnen verrät nichts ihr Leid. Elisabeth ist jedoch zum zweiten Mal in ihrem Leben von Angst befallen aufgrund von Skrupeln, die zum Teil von daher rühren, daß sie alles vollkommen machen will. Ihre Gesundheit gerät ein wenig ins Wanken. Ihre Sensibilität (ihr Hauptcharakterzug, wie sie sagt, vgl. NI 12) ist schmerzhaft erregt. Aber niemand außer den beiden Vorgesetzten kennt dieses Leid. Am Tag vor ihrer Profeß hält Mutter Germaine es für notwendig, Pater Vergne zu rufen, um zu über-

prüfen, ob die endgültige Bindung Elisabeths wirklich möglich sei. Und sie selbst schreibt an diesem Tag in einem Brief voll Sorge und doch zuversichtlich:

Ich war soeben bei unserer Mutter. Sie hat mir gestanden, daß sie beunruhigt ist, mich in einem solchen Seelenzustand die Profeß ablegen zu sehen. Beten Sie für Ihre kleine Schwester, die in äußerst großer Angst ist (L 152).

Ihr Geheimnis, um die Schwierigkeiten zu bezwingen, ist ihr Glaube an die Liebe Christi und ihr Wille, Liebe mit Liebe zu vergelten.

Sie fragen mich, wie ich denn die Kälte ertragen kann. Glauben Sie mir, ich bin nicht großmütiger als Sie; Sie sind lediglich von kränklicher Natur, während ich eine gute Gesundheit habe. Ich merke kaum, daß es kalt ist. Sie sehen also, daß es kaum ein Verdienst für mich ist. Außerdem habe ich zu Hause viel mehr unter dem Winter gelitten als hier im Karmel, wo ich überhaupt kein Feuer habe. Der liebe Gott schenkt seine Gnade. Und außerdem ist es ja, wenn man diese kleinen Dinge empfindet, so gut, den Meister zu betrachten, der auch all das ausgehalten hat, weil Er uns „übermäßig geliebt hat", wie der heilige Paulus sagt: Daher hungert man danach, Ihm Liebe mit Liebe zu vergelten! Im Karmel ist Gelegenheit zu vielen derartigen Opfern; aber sie sind so süß, wenn das Herz ganz von Liebe ergriffen ist. Ich will Ihnen sagen, wie ich es mache, wenn sich eine kleine Müdigkeit einschleicht: Ich schaue den Gekreuzigten an, und wenn ich sehe, wie *Er* sich für *mich* ausgeliefert hat, scheint es mir, daß *ich* für *Ihn* nicht weniger tun kann als mich ganz herzugeben, mich zu verbrauchen, um Ihm ein wenig von dem zurückzuschenken, was Er mir geschenkt hat! (L 156)

Am 29. Dezember kündigt sie ihre Profeß an, die am Fest der Erscheinung des Herrn, dem 11. Januar 1903, stattfinden soll:

... Am Fest der Erscheinung wird Er mich zu seiner Königin machen, und ich werde die Gelübde ablegen, die mich auf immer mit Ihm vereinen! (...) Ich fühle mein Unvermögen, aber Er ist in mir, um mich vorzubereiten. Und so werde ich es voll Freude und Vertrauen wagen, vor Ihn zu treten, damit Er die Vereinigung vollziehe, die Er in seiner unendlichen Liebe für mich erträumt hat. (...) Mein Anteil ist so schön! Ein ganzes Leben in Stille, Anbetung, Herz an Herz mit dem Bräutigam zu verbringen! Beten Sie darum, daß ich treu bin, daß ich den Weg, den Er für meine Seele vorgezeichnet hat, bis ans Ende gehe, daß ich voll und ganz seine Wünsche erfülle, daß ich sein Glück ausmache! Liebe gnädige Frau, mögen sich unsere Seelen vereinen, um unseren Meister zu trösten! Er wird in der Welt so sehr beleidigt, man will Ihn nicht mehr; öffnen doch wir uns, um Ihn aufzunehmen! Und lassen wir Ihn sodann nicht allein in diesem Heiligtum unserer Seele; denken wir in allem daran, daß Er da ist und daß Er es braucht, geliebt zu werden. Morgen abend beginne ich die Exerzitien, die mich auf meine Profeß vorbereiten sollen. Sie erraten sicher, welches Glück mich erfüllt in Erwartung dieser zehn Tage noch vollkommenerer Einsamkeit und totaler Trennung (J 149).

... Wie gut ist es, sich in diesen Zeiten hinzugeben, da Er so beleidigt wird! An diesem schönen Tag meiner Profeß möchte ich Ihn trösten, Ihn alles vergessen lassen; und außerdem möchte ich, daß es der Beginn eines Aktes der Anbetung ist, der nie mehr in meiner Seele endet (J 150).

Ich fühle mich eingehüllt in das Geheimnis der Liebe Christi, und wenn ich zurückblicke, sehe ich geradezu eine göttliche Jagd auf meine Seele; wieviel Liebe! Wie zu Boden geschmettert bin ich von dieser Last. Dann schweige ich und bete an! ... (J 51)

Nach ihrer endgültigen Bindung ist sehr schnell wieder vollkommener Friede in sie eingekehrt! In den Briefen aus dem Jahr 1903 klingt das Glück der jungen Profeßschwester an, aber auch die Tiefe ihres kontemplativen Ideals.

Wer könnte die Freude beschreiben, die meine Seele erfüllte, als ich Christus am Kreuz betrachtete, das ich nach meiner Profeß empfing und das unsere ehrwürdige Mutter „mir wie ein Siegel aufs Herz drückte", und mir sagen konnte: „Endlich ist Er ganz mein, und ich bin ganz sein, ich habe nur noch Ihn, Er ist alles für mich!" Und nun habe ich nur noch einen Wunsch: Ihn lieben, *Ihn allezeit lieben,* wie eine wahre Braut für seine Ehre eifern, Ihn glücklich machen, Ihn erfreuen, indem ich Ihm in meiner Seele eine Wohnung und eine Zufluchtsstätte bereite. Dort soll Er durch die Liebe all das vergessen, was die schlechten Menschen an Greueltaten verüben! (J 156)

Wie viele Dinge haben sich seit meinem letzten Brief ereignet! Die Kirche hat mich ihr „Veni sponsa Christi" („Braut Christi, komm") hören lassen, sie hat mich geweiht, und nun ist alles „vollbracht", oder vielmehr, alles beginnt, denn die Profeß ist nur die Morgenröte, und jeden Tag kommt mir mein „Brautleben" schöner vor und leuchtender und tiefer eingehüllt in Frieden und Liebe. In der Nacht vor dem großen Tag, als ich mich in Erwartung des Bräutigams im Chor befand, habe ich verstanden, daß mein Himmel schon auf Erden begonnen hat, der Himmel im Glauben, mit dem Leid und dem Geopfert-Werden für Den, den ich liebe! ... Ich möchte Ihn so sehr lieben, Ihn zum Sterben lieben wie meine seraphische Mutter (hl. Teresa). „O caritatis victima" („Oh, Opfer der Liebe") singen wir an ihrem Fest; und mein ganzes Streben geht dahin, eine Beute der Liebe zu sein! ... Wie mir scheint, ist es im Karmel so einfach, aus der Liebe zu leben; vom Morgen bis zum Abend ist die Regel da, um uns Augenblick für Augenblick den Willen Gottes aufzuzeigen. Wenn Sie wüßten, wie sehr ich diese Regel liebe, die die Form ist, nach der Er mich heilig haben will: Ich weiß nicht, ob ich das Glück haben werde, für meinen Bräutigam das Blutzeugnis abzulegen; aber wenigstens habe ich, wenn ich mein Leben als Karmelitin ganz lebe, den Trost, mich für Ihn verbraucht zu haben, für Ihn allein. Egal in welcher Tätigkeit Er mich haben will: Da Er immer bei mir ist, darf das Gebet, das Leben Herz an Herz nie enden! Ich fühle Ihn so lebendig in meiner Seele, ich muß mich nur sammeln, um Ihn in meinem Innern zu finden, und das ist es, was mein ganzes Glück ausmacht. Er hat mein Herz mit einem so großen Durst nach dem Unendlichen und einem so starken Bedürfnis zu lieben erfüllt, daß nur Er allein es stillen kann: Ich gehe also zu Ihm wie ein kleines Kind zu seiner Mutter, damit Er alles erfülle, mich ganz durchdringe und mich ergreife und in seinen Armen davontrage. Ich glaube, so einfach muß man dem guten Gott gegenüber sein! (J 169)

Die ganze Dreifaltigkeit ruht in uns, dieses ganze Geheimnis, das wir im Himmel schauen werden: Es soll Ihre Klause sein. Meine kleine Schwester, Sie sagen mir – und das macht mir so viel Freude –, daß Ihr Leben dort abläuft. Das meinige ebenso: Ich bin „Elisabeth von der Dreifaltigkeit", d. h. Elisabeth, die immer kleiner wird, sich verliert, sich von den Drei durchdringen läßt (...). Ich empfehle Sie allen unseren Heiligen, ganz besonders unserer heiligen Mutter Teresa und Schwester Therese vom Kinde Jesu. Ja, meine kleine Germaine, leben wir aus Liebe, seien wir einfach wie sie; liefern wir uns ständig aus; opfern wir uns jeden Augenblick neu auf, indem wir den Willen Gottes erfüllen, ohne nach außerordentlichen Dingen zu suchen. Und machen wir uns ganz klein, lassen wir uns tragen, wie ein Kind auf den Armen seiner Mutter, von Dem, der unser Alles ist. Ja, meine kleine Schwester, wir sind recht schwach; ich würde sogar sagen, wir sind nur Erbärmlichkeit, aber Er weiß das wohl. Er liebt es so sehr, uns zu verzeihen, uns wieder aufzuheben und uns sodann in Sich, in seine unendliche Reinheit und Heiligkeit hineinzunehmen. Auf diese Weise wird Er uns reinigen durch die beständige Verbindung mit Ihm, durch göttliche Berührungen. Er will uns so rein, aber Er selbst wird unsere Reinheit sein: Wir müssen uns neugestalten lassen zu seinem Ebenbild, und zwar in aller Einfachheit, indem wir ständig mit der Liebe lieben, die die Einheit zwischen denen, die sich lieben, herstellt!

Auch ich will heilig werden, Germaine, heilig, um Ihn glücklich zu machen. Bitten Sie Ihn, daß ich nur noch aus Liebe lebe; „das ist meine Berufung". Und schließen wir uns auch darin zusammen, aus jedem Tag eine ununterbrochene Vereinigung zu machen: Wachen wir am Morgen in seiner Liebe auf, liefern wir uns den ganzen Tag seiner Liebe aus, d. h. indem wir den Willen des guten Gottes erfüllen und unter seinem Blick, mit Ihm, in Ihm, für Ihn allein leben. Geben wir uns jeden Augenblick in der Weise hin, die Er von uns will, und zwar Sie, indem Sie sich aufopfern, indem Sie Ihren lieben Eltern Freude machen. Und wenn dann der Abend kommt nach einem Zwiegespräch der Liebe, das in unserem Herzen nicht aufgehört hat, wollen wir auch in seiner Liebe einschlafen. Vielleicht entdecken wir Fehler oder Untreuen; überlassen wir sie der göttlichen Liebe: Sie ist ein verzehrendes Feuer. Verbringen wir auf diese Weise unser Fegfeuer in seiner Liebe! (L 172)

Ich denke so gern daran, daß es um seinetwillen war, daß ich alles verlassen habe. Es ist so gut zu schenken, wenn man liebt, und ich liebe so sehr diesen Gott, der eifernd danach strebt, mich ganz für sich zu haben. Ich fühle so viel Liebe in meiner Seele, es ist wie ein Ozean, in den ich mich versenke, mich verliere: Dies ist meine Anschauung hier auf Erden, in Erwartung der Anschauung im Lichte, von Angesicht zu Angesicht. Er ist in mir, ich bin in Ihm; ich muß Ihn nur lieben, mich lieben lassen, und zwar immer, in allen Dingen: in der Liebe aufwachen, sich in der Liebe bewegen, in der Liebe einschlafen, die Seele in seiner Seele, das Herz in seinem Herzen, die Augen in seine Augen versenkt, damit Er mich durch die Verbindung mit Ihm reinige, mich von meiner Erbärmlichkeit erlöse. Wenn Sie wüßten, wie voll ich davon bin (L 177).

... Es wird Dir seltsam vorkommen, was ich Dir nun eingestehe: Ich beginne meinen Himmel bereits auf der Erde; manchmal jedoch möchte ich lieber bereits von der anderen Seite her sehen, um Ihn schauen zu können, Ihn ..., um Ihn zu lieben und mich in seine Unendlichkeit zu verlieren. Meine liebe Françoise, Du, die Du doch ein so glühendes Herz hast, begreifst Du nicht, was Liebe bedeutet, wenn es sich um Den handelt, der uns so sehr geliebt hat? Wenn Du wüßtest, wie sehr Er Dich liebt, und auch, wie sehr ich Dich liebe! ... (L 182)

Was Sie mir bezüglich meines Namens sagen, tut mir wohl. Ich liebe ihn so sehr, er sagt mir meine ganze Berufung aus. Wenn ich über ihn nachdenke, wird meine Seele bei der großen Schau des Geheimnisses der Geheimnisse fortgerissen in diese Dreifaltigkeit, die schon hier auf Erden unsere Klause, unsere Wohnstätte, das Unendliche ist, in dem wir uns durch alles hindurch bewegen können. Ich lese gerade sehr schöne Seiten aus den Schriften unseres seligen Vaters, des heiligen Johannes vom Kreuz, über die Umgestaltung der Seele in die drei göttlichen Personen. Lieber Abbé, zu welch unermeßlicher Herrlichkeit sind wir berufen! (...) Unser seliger Vater sagt, daß der Heilige Geist die Seele zu einer so wunderbaren Höhe erhebt, daß er sie befähigt, in Gott den gleichen Liebeshauch zu erzeugen, den auch der Vater mit dem Sohn erzeugt und der Sohn mit dem Vater, ein Hauch, der nichts anderes als der Heilige Geist selbst ist! Zu sagen, daß der gute Gott uns durch unsere Berufung dazu ruft, in dieser heiligen Klarheit und Reinheit zu leben! Welch anbetungswürdiges Geheimnis der Liebe! Ich möchte meine Antwort darauf geben, indem ich auf Erden wie die heilige Jungfrau „all diese Dinge in meinem Herzen bewahre" und mich sozusagen im Grund meiner Seele begrabe, um mich in der Dreifaltigkeit zu verlieren, die dort wohnt, um mich in sie umzuwandeln. Dann wird mein Wahlspruch, „mein lichtes Ideal", wie Sie gesagt haben, Realität, dann wird es wohl eine *Elisabeth von der Dreifaltigkeit*! ... (L 185)

Auch wenn Elisabeth nicht viel davon spricht, so läßt sie doch die Situation in der französischen Kirche und ihrer Diözese nicht gleichgültig. Aber ihr „Apostolat" *ist die* „Vereinigung" *mit Gott, wie sie am 25. Januar 1904 in dem wichtigen Brief (L 191) an André Chevignard, den jungen Seminaristen und Schwager Guites, schreibt. Es ist ein Brief, in dem sie ausführlich die* „herrlichen Kapitel" *des heiligen Paulus zitiert, den sie gerade mit Begeisterung entdeckt. Zum ersten Mal faßt sie hier ihr Lebensideal zusammen als ein Sich-Bemühen darum,* „das Lob der Herrlichkeit" *Gottes (Eph 1,12) zu sein.* „Lob der Herrlichkeit" *(*„Laudem gloriae"*, nach dem unrichtigen lateinischen Ausdruck Elisabeths) wird später ihr geistlicher Beiname!*

Nach der rigorosen Anwendung des Gesetzes vom 2. Juli 1901 über die Vereinigungen und Verbände in den Jahren 1902 und 1903 sind Hunderte von Konventen gezwungen zu schließen, was an einzelnen Orten oft mit großen Unruhen verbunden ist. Ein Gesetz vom 7. Juli 1904 verbietet allen Ordenskongregationen zu unterrichten, was wiederum die Aufhebung sehr vieler Schulen zur Folge hat.

Obgleich ohne Erlaubnis, bleibt der Karmel von Dijon bestehen und wird lediglich am 16. April 1903 gezwungen, die Kapelle für Besucher zu schließen. Im Mai 1903 reist Mutter Germaine nach Belgien, wo von nun an in Noiseux ein Zufluchtsort auf die Karmelitinnen von Dijon wartet; bald wird ein Teil des Mobiliars dorthin gebracht.

Elisabeth, eingetaucht in Gott, bewahrt die innere Ruhe und vertraut ihren Karmel, die Kirche und sich selbst dem Herrn an. Sie bewahrt sogar noch die Ruhe bei der Affäre um Mgr. Le Nordez, die die ganze Diözese von Dijon in Aufregung versetzt. Der Bischof, ein Republikaner, dem es zwar an Klugheit, aber nicht an Ehrgeiz fehlt, wird angeklagt, der Freimaurerei anzugehören (aller Wahrscheinlichkeit nach eine unzutreffende Anklage). Die Streitigkeiten in der Diözese erreichen 1904 ihren Höhepunkt. Der Bischof wird von Pius X. nach Rom beordert und dazu aufgefordert, seinen Rücktritt einzureichen; dies wird dann zu einem der Vorwände, unter denen Frankreich die diplomatischen Beziehungen mit dem Heiligen Stuhl abbricht; 1905 wird in Frankreich das Gesetz zur Trennung von Kirche und Staat verabschiedet.

Von alldem hat Elisabeth sicherlich gewußt. Im Sprechzimmer und in der Klausur des Karmels konnte dieses Gesprächsthema wohl nicht vollständig vermieden werden. Und einer der Seminaristen, die 1904 gegen Mgr. Le Nordez in den Streik getreten sind, war Pfarrer André Chevignard ...

Meine Seele vereint sich gern mit der Ihren zu *einem* Gebet für die Kirche, für unsere Diözese. Da unser Herr ja in unseren Seelen wohnt, so ist sein Gebet das unsere, und ich möchte darin ständig mit Ihm vereint sein, indem ich mich wie ein kleines Gefäß an die Quelle, an den Born des Lebens halte, um ihn dann an die Seelen weiterfließen zu lassen, indem ich die Fluten seiner unendlichen Liebe überströmen lasse. „Ich heilige mich für sie, damit auch sie geheiligt sind in der Wahrheit." Machen wir uns dieses Wort unseres geliebten Meisters ganz zu eigen; ja, heiligen wir uns für die Seelen; und da wir ja alle Glieder eines einzigen Leibes sind, so werden wir auch in dem Maße, in dem wir überreich das göttliche Leben haben, es an den großen Leib der Kirche weitergeben können. Zwei Worte fassen in meinen Augen alle Heiligkeit, alles Apostolat zusammen: „Vereinigung, Liebe". (...) Vereinigen wir uns, damit Er aufgrund der Liebe alles vergißt, und seien wir, wie der heilige Paulus sagt, „das Lob seiner Herrlichkeit" (L 191).

Die Vereinigung mit Gott als Quelle apostolischer Fruchtbarkeit ist übrigens eine ihrer liebsten Überzeugungen:

Seien Sie nicht nur in der Aktion! Während man den Martha-Dienst erfüllt, kann die Seele immer ganz in der Anbetung bleiben, in ihrer Kontemplation begraben wie Magdalena und sich wie ein Ausgehungerter an die Quelle haltend. So verstehe ich das Apostolat einer Karmelitin wie das eines Priesters. Dann können die Karmelitin wie der Priester anderen Gott ausstrahlen, Ihn den Seelen weitergeben, wenn sie sich unablässig an diese göttlichen Quellen halten. Ich glaube, man muß sich dem Meister so sehr nähern, so eng mit seiner Seele vereint sein, allen seinen Anregungen folgen und sodann wie Er im Willen seines Vaters aufgehen (L 158).

... Während Du die Tätigkeit übernimmst, berge ich Dich in Ihn. Und dann weißt Du ja auch wohl, daß die äußeren Dinge nicht vom Meister ablenken können, wenn man liebt, und meine Guite ist dann Martha und Maria zugleich! ... Wenn Du wüßtest, wie nahe ich mich Dir fühle, wie ich Dich mit Gebeten umschließe, Dich und das liebe kleine Wesen, das bereits in Gottes Gedanken lebt. Laß Dich ganz ergreifen, ganz durchdringen von seinem göttlichen Leben, um es an das liebe Kleine weiterzuschenken, das ganz überhäuft mit Segen zur Welt kommen wird! Denkst Du darüber nach, was die Seele der heiligen Jungfrau erfüllt haben muß, als sie nach der Menschwerdung das Geschenk Gottes, das menschgewordene Wort, in sich trug ...? In welchem Schweigen, in welcher Sammlung, in welcher Anbetung mußte sie sich auf dem Grund ihrer Seele begraben, um diesen Gott zu umfassen, dessen Mutter sie war. Meine liebe kleine Guite, Er ist in uns. Bleiben wir Ihm ganz nah, in diesem Schweigen, mit dieser Liebe der Jungfrau Maria; auf diese Weise wollen wir den Advent verbringen, nicht wahr? (L 183)

Die Geburt des ersten Kindes von Guite am 11. März 1904 ist für Elisabeth eine große Freude. Es wird Elisabeth genannt zu Ehren seiner Tante, der Karmelitin.

Meine geliebte Guite, heute Morgen in der Rekreation war bei uns ein richtiges Aufjubeln wegen Deiner kleinen Sabeth. Unsere so gute ehrwürdige Mutter war ganz glücklich, uns ein Photo der Kleinen zeigen zu können, und Du kannst Dir wohl denken, daß das Herz von Tante Elisabeth heftig pochte! ... Meine liebe Guite, ich liebe diesen kleinen Engel genauso, glaube ich, wie seine kleine Mama, das ist nicht zu wenig gesagt. Und siehst Du, ich bin auch ganz durchdrungen von Ehrfurcht gegenüber diesem kleinen Tempel der Heiligen Dreifaltigkeit; seine Seele kommt mir vor wie ein Kristall, der den guten Gott widerstrahlt. Und wenn ich bei der Kleinen wäre, würde ich mich hinknien, um Den anzubeten, der in ihr wohnt (L 197).

... Die liebe Kleine trägt meinen Namen. Mir scheint, der liebe Gott schenkt sie mir, damit ich ihr Schutzengel sei und sie ganz annehme. Vor ihrer Geburt habe ich so sehr für sie gebetet (...). Sei bitte so gut und laß mich den Tauftag wissen; so werde ich meine kleine geliebte Nichte zum Taufbecken begleiten können, wenn die Heilige Dreifaltigkeit in ihre Seele hinabsteigt! (L 196)

Der Sommer 1904 ist für die Karmelitin, die nach Gott dürstet, eine intensive Zeit. Vom 26. September bis zum 5. Oktober verbringt sie ihre Einzelexerzitien: zehn Tage völliger Einsamkeit und des Gebetes. Vom 12. November bis zum Morgen des 21. setzen die täglichen Rekreationen aus wegen einer neuen Feier der Stille: die gemeinschaftlichen Exerzitien mit Vorträgen des Dominikanerpaters Fages. Nach Beendigung dieser Exerzitien verfaßt Elisabeth ihr berühmtes Gebet „O mein Gott, Dreifaltigkeit, die ich anbete" (NI 15), *das vollständig am Ende dieses Buches zu finden ist. Beachten wir jedoch, daß es sich nicht einfach um ein*

„schönes" Gebet handelt, sondern um eine echte Aufopferung ihrer selbst an die Dreifaltigkeit: „... Ich liefere mich Dir aus als Beute".

Ein Echo davon hören wir acht Tage später in einem Brief:

„Vivo enim iam non ego, vivit vero in me Christus." „Nicht mehr ich lebe, sondern Christus lebt in mir." Das ist der Traum meiner Karmelitinnenseele. Das ist, glaube ich, auch der Traum Ihrer Priesterseele. Das ist vor allem der Traum Christi, und ich bitte Ihn, diesen ganz in unseren Seelen zu verwirklichen. Seien wir für Ihn gewissermaßen eine zweite Menschheit, in der Er sein ganzes Mysterium erneuern kann. Ich habe Ihn darum gebeten, sich in mir niederzulassen und in mir anzubeten, zu heilen und zu erlösen. Ich kann Ihnen nicht sagen, mit welchem Frieden meine Seele der Gedanke erfüllt hat, daß Er mein Unvermögen durchdringt und daß Er, falls ich jeden Augenblick falle, da ist, um mich aufzuheben und mich tiefer in sich hineinzunehmen, hin zum Grund dieser göttlichen Wesenheit, der wir bereits durch die Gnade innewohnen und in die ich mich so tief begraben möchte, daß nichts mich wieder herausholen kann. Dort findet meine Seele die Ihre wieder, dort schweige ich im Einklang mit der Ihren, um Den anzubeten, der uns so göttlich geliebt hat (L 214).

---

10 Elisabeth im Alter von etwa 15 Jahren

11 12

13 14

Das Jahr 1905 beginnt. „Es sei ein Jahr der Liebe, ganz zu Ehren des lieben Gottes", *schreibt Elisabeth* (L 318). *Die Briefe des heiligen Paulus sind ihr zu einer kräftigen geistlichen Nahrung geworden. Die Karmelitin will immer mehr ein* „Loblied" *der Herrlichkeit Gottes, der* „ganz Liebe" *ist, werden und zu den Höhen gelangen, zu denen wir berufen sind.*

Jeden Tag läßt Er mich tiefer erfahren, wie süß es ist, Ihm zu gehören, und meine Berufung als Karmelitin wirft mich immer tiefer in die Anbetung, in die Danksagung. Ja, es ist wahr, was der heilige Paulus sagt: „Er hat im Übermaß geliebt", seine kleine Elisabeth im Übermaß geliebt. Aber Liebe ruft Liebe hervor, und ich bitte den guten Gott um nichts anderes mehr als darum, diese Wissenschaft der Nächstenliebe verstehen zu können, von der der heilige Paulus spricht und deren ganze Tiefe mein Herz erfüllen möchte (L 219).

Heute morgen haben wir unsere letzte Rekreation und beginnen dann unsere Exerzitien im Coenaculum; bis Pfingsten werden sie dauern. Mir scheint, daß ich Ihnen während dieser zehn Tage noch näher bin. Der heilige Paulus, mit dessen schönen Briefen ich mich befasse – sie machen mich sehr glücklich –, sagt: „Keiner erkennt, was in Gott ist, nur der Geist Gottes." Das Programm für meine Exerzitien wird

---

11 Elisabeth als Postulantin im Karmel von Dijon (August 1901)

12 Elisabeth am Tag ihrer Einkleidung (8. Dezember 1901)

13 und 14 Elisabeth im Januar 1903

also darin bestehen, mich im Glauben und in der Liebe „dem Salböl des Heiligen Geistes" hinzuhalten, von dem der heilige Johannes spricht; denn Er ist der einzige, der „die Tiefen Gottes ergründet". Beten Sie, daß ich diesen Geist der Liebe nicht traurig mache, sondern Ihm erlaube, in meiner Seele alles Wirken seiner Gnade durchzuführen (L 230).

Die körperliche Erschöpfung, die der Krankheit vorangeht, die 1906 zum Tode Elisabeths führt, beginnt durchzubrechen. Im Frühjahr 1905 werden ihr die ersten Ausnahmen von der Beobachtung der Regel gewährt. Mitte August wird sie von ihrem Dienst als zweite Pförtnerin abgelöst. Ihr Gesundheitszustand kennt in der Folge Hochs und Tiefs. Elisabeth, die gezwungen ist, mehr zu ruhen, schreibt am 19. April 1905 an ihre Mutter und Guite, die gerade ihr zweites Kind, Odette, bekommen hat:

Unsere gute Mutter, die Deine Sabeth mit einem ganz mütterlichen Herzen umsorgt, achtet sehr darauf, daß ich an die frische Luft gehe. Anstatt auf unserer kleinen Zelle zu arbeiten, lasse ich mich daher wie ein Einsiedler an der verlassensten Stelle unseres großen Gartens nieder, wo ich herrliche Stunden verbringe. Die ganze Natur scheint mir so voll von Gott zu sein: der Wind, der durch die großen Bäume weht, die Vögelchen, die singen, der schöne blaue Himmel, all das spricht mir von Gott. O Mama, ich muß Dir sagen, daß mein Glück immer größer wird, es nimmt ungeheure Ausmaße an wie Gott selbst, und es ist ein so stilles, so sanftes Glück. Ich möchte Dir mein Geheimnis mitteilen! Der heilige Petrus sagt in seinem ersten Brief: „Weil ihr *glaubt*, jubelt ihr in unsagbarer und verklärter Freude.“ Ich glaube, die Karmelitin schöpft in der Tat ihr ganzes Glück aus dieser göttlichen Quelle, dem Glauben. Sie glaubt, wie der heilige Johannes sagt, „an die Liebe, die Gott zu ihr gehabt hat“. Sie glaubt, daß eben diese Liebe Ihn auf die Erde gezogen hat ... und in ihre Seele; denn Der, der sich die Wahrheit genannt hat, hat im Evangelium gesagt: „Bleibt in mir, und ich bleibe in euch.“ Sie gehorcht also ganz einfach dem so süßen Gebot und lebt in der Vertrautheit mit dem Gott, der in ihr wohnt, der ihr näher ist, als sie es sich selber ist. All das, geliebte Mama, ist nicht eine Sache des Gefühls oder der Einbildung, sondern des reinen Glaubens (L 236).

Ich habe gerade in den Briefen des heiligen Paulus wunderschöne Dinge über das Geheimnis der Gotteskindschaft gelesen. Natürlich habe ich an Dich gedacht; es wäre ja verwunderlich, wenn dem nicht so gewesen wäre: Du, die Du Mutter bist und weißt, welch tiefe und innige Liebe zu Deinen Kindern der gute Gott Dir ins Herz gelegt hat, Du kannst die Größe dieses Geheimnisses fassen: Kinder Gottes, meine Guite, läßt Dich das nicht erbeben? Höre, was mein geliebter heiliger Paulus sagt: „Gott hat uns in Ihm erwählt vor Erschaffung der Welt. Er hat uns im voraus dazu bestimmt, seine Kinder zu werden zum Lob seiner herrlichen Gnade“, das heißt in seiner Allmacht scheint Er nichts Größeres machen zu können. Und höre weiter: „Wenn wir Kinder sind, dann auch Erben." Und worin besteht dieses Erbe? „Gott hat uns fähig gemacht, am Erbe der Heiligen im Lichte teilzunehmen". Und wie um uns zu sagen, daß dies keine ferne Zukunft ist, fügt der Apostel hinzu: „Ihr seid also nicht mehr Fremde ohne Bürgerrecht, sondern Mitbürger der Heiligen und Hausgenossen Gottes" ... Und: „Unser Leben aber ist im Himmel" ... O meine liebe Guite, dieser Himmel, dieses Haus unseres Vaters ist in der „Mitte unserer Seele"! Wie Du in den Schriften des heiligen Johannes vom Kreuz lesen kannst: wenn wir in unserer innersten Mitte sind, dann sind wir in Gott. Nicht wahr, das ist einfach, das ist tröstlich! In allem, mitten in den mütterlichen Sorgen, während Du ganz für die kleinen Engel da bist, kannst Du Dich in diese Einsamkeit zurückziehen, um Dich dem Heiligen Geist auszuliefern, damit Er Dich in Gott umwandelt, Deiner Seele das Bild der göttlichen Schönheit einprägt, damit der Vater, wenn Er sich über Dich neigt, nur noch seinen Christus sieht und sagen kann: „Dies ist meine geliebte Tochter, an der ich mein Wohlgefallen habe." Kleine Schwester, im Himmel werde ich mich daran erfreuen, meinen Christus so schön in Deiner Seele aufleuchten zu sehen; ich werde nicht eifersüchtig sein, aber mit mütterlichem Stolz werde ich zu Ihm sagen: „Ich arme Erbärmliche habe diese Seele zum Leben mit Dir geboren." Der heilige Paulus hat ebenso von den Seinen gesprochen, und ich bin in der Tat so vermessen, ihn nachahmen zu wollen; was meinst Du dazu? Bis dahin wollen wir mit dem heiligen Johannes „an die Liebe glauben". Und da wir Ihn ja in uns tragen, was machen uns da die Nächte aus, die unseren Himmel verdunkeln können: Wenn Jesus zu schlafen scheint, oh, dann wollen auch wir bei Ihm ausruhen; wir wollen ganz ruhig und still sein; wecken wir Ihn nicht auf, sondern warten wir im Glauben! Wenn Sabeth und Odette in den Armen ihrer lieben Mama liegen, dann kümmern sie sich, glaube ich, wenig darum, ob die Sonne scheint oder ob es regnet. Machen wir es ebenso wie diese lieben Kleinen, leben wir in der gleichen Einfachheit in den Armen des guten Gottes!

(...) Willst Du mit mir große Exerzitien halten über einen Monat, bis zum 14. September? Unsere Mutter gibt mir für diese kurze Zeit an der Winde frei: Ich brauche dann nicht mehr zu sprechen und nachzudenken und werde mich im Grund meiner Seele, das heißt in Gott versenken. Willst Du diese einfache Übung mit mir vollziehen? Wenn Du wegen Deiner zahlreichen Aufgaben zerstreut bist, will ich versuchen, etwas dagegenzusetzen; und wenn Du willst, so tritt, um Dich zurückzuholen, sooft Du daran denkst (wenn Du es mal vergißt, so macht das nichts), in die Mitte Deiner Seele ein, dorthin, wo der göttliche Gast wohnt. Du kannst vielleicht an das schöne Wort denken, das ich Dir gesagt habe: „Euer Leib ist ein Tempel des Heiligen Geistes, der in euch wohnt" ..., und an dieses Wort des Meisters: „Bleibt in mir, und ich bleibe in euch" ... Von der heiligen Katharina von Siena wird gesagt, sie habe immer in ihrer Zelle gelebt, selbst mitten in der Welt: Sie lebte in dieser inneren Wohnung, in der auch meine Guite zu leben versteht (L 239)

Da Elisabeth in ihrer Krankheit sehr tapfer ist, wird der Ernst ihres Zustandes nicht bemerkt, den sie herunterspielt, wenn man sie daraufhin anspricht. Aber später gesteht sie:

Am Morgen nach dem Beten der kleinen Tagzeiten fühlte ich mich bereits am Ende meiner Kräfte und fragte mich, wie ich wohl bis zum Abend durchhalten könnte. (...) Wenn Sie *(die Priorin)* mir erlaubten, mich auszuruhen, so brachte mir dies keine Erleichterung: Ich fühlte mich völlig zerschlagen, so daß ich weder ruhig liegen noch richtigen Schlaf finden konnte; ich hätte nicht sagen können, ob der Tag die Nacht oder die Nacht den Tag überbot, was das Mattsein betrifft. Das Gebet war noch das beste Mittel gegen meine Übel. Die Zeit des großen Stillschweigens verbrachte ich in einer wahren Agonie, in der ich mich mit der des göttlichen Meisters vereinte, indem ich mich ganz nahe am Chorgitter an seiner Seite hielt. Es war eine Stunde reinen Leidens, gab mir jedoch Kraft zum Beten der Matutin; ich konnte mich dann mit einer gewissen Leichtigkeit auf Gott ausrichten. Hinterher kam meine Schwäche und Mattigkeit wieder, und ohne gesehen zu werden – dank der Dunkelheit –, gelangte ich schlecht und recht wieder auf unsere Zelle, wobei ich mich unterwegs oft an die Wand lehnte.

Elisabeth ist von nun an überzeugt, bald zu sterben. Sie ist glücklich, Gott zu sehen, verspürt aber auch ihre Armseligkeit und die Notwendigkeit, durch seine Barmherzigkeit gereinigt zu werden. Das Echo davon hören wir.

Der große heilige Paulus sagt: „Wo die Sünde mächtig wurde, da ist die Gnade übergroß geworden." Mir scheint, daß gerade die schwächste, ja sogar die schuldbeladenste Seele den meisten Anlaß hat zu hoffen. Und dieser Akt, den sie setzt, um sich zu vergessen und sich in die Arme Gottes zu werfen, beglückt und erfüllt sie mit größerer Freude als alle Selbstbesinnung und alle Gewissenserforschung, die sie in ihren Gebrechen weiterleben lassen, während sie in der Mitte ihrer selbst doch einen Retter hat, der sie in jeder Minute neu reinigen will.

Erinnern Sie sich an diese schöne Stelle, wo Jesus zu seinem Vater sagt, daß Er Ihm alle Macht gegeben habe über alles Fleisch, damit Er allen ewiges Leben gebe? Eben dies will Er in uns wirken: In jeder Minute will Er, daß Sie aus sich herausgehen, daß Sie alle Sorgen lassen, um sich in diese Einsamkeit zurückzuziehen, in der Er auf dem Grund Ihres Herzens zu finden ist. *Er* ist immer dort, auch wenn Sie Ihn nicht fühlen. Er erwartet Sie und will „einen wunderbaren Austausch" mit Ihnen beginnen, wie wir in der schönen Liturgie singen, eine innige Vertrautheit zwischen Bräutigam und Braut. Von Ihren Gebrechen, von Ihren Fehlern, von allem, was Sie beunruhigt, will Er, ja Er, Sie befreien durch diese beständige Verbindung mit Ihm. Hat Er nicht gesagt: „Ich bin nicht gekommen zu richten, sondern zu retten"? *Nichts* darf Ihnen als ein Hindernis auf dem Weg zu Ihm erscheinen. Achten Sie nicht so sehr darauf, ob Sie begeistert oder mutlos sind; es gehört zum Gesetz der Verbannung, daß man so von einer Verfassung in die andere wechselt. Glauben Sie dann, daß Er sich niemals verändert, daß Er in seiner Güte sich immer über Sie neigt, um Sie mitzunehmen und in Sich zu bergen. Sollte trotz alldem Leere und Traurigkeit Sie niederdrücken, so vereinigen Sie sich in dieser Agonie mit der des Meisters im Ölgarten, als Er zum Vater sagte: „Wenn es möglich ist, so gehe dieser Kelch an mir vorüber." Liebe gnädige Frau, Sie meinen vielleicht, es sei schwierig, sich zu vergessen. Seien Sie ohne Sorgen; wenn Sie wüßten, wie einfach das ist ... Ich will Ihnen mein „Geheimnis" mitteilen: Denken Sie an diesen Gott, der in Ihnen wohnt und dessen Tempel Sie sind; der heilige Paulus sagt es so, ihm können wir glauben. Nach und nach gewöhnt sich die Seele daran, in Seiner süßen Gesellschaft zu leben; sie begreift, daß sie in sich einen kleinen Himmel trägt, in dem der Gott der Liebe sich niedergelassen hat. Es ist gleichsam eine göttliche Atmosphäre, in der sie atmet. Ich würde sogar sagen, nur noch ihr Leib ist auf der Erde. Ihre Seele wohnt jenseits der Wolken und der Schleier, in Dem, der der Unveränderliche ist. Denken Sie nicht, dies sei nichts für Sie, Sie seien zu erbärmlich. Denn das ist gerade im Gegenteil ein Grund mehr, um zu Dem hinzugehen, der rettet. Aber nicht mit dem Blick auf diese Erbärmlichkeit werden wir gereinigt werden, sondern indem wir Den anschauen, der die völlige Reinheit und Heiligkeit ist (L 249).

Helfen Sie mir, lieber Abbé, ich brauche Ihre Hilfe so sehr: Je heller das Licht wird, um so tiefer fühle ich meine Unfähigkeit (L 250).

... Ich möchte so sehr meinen Meister trösten durch unaufhörliche Vereinigung mit Ihm. Ich will Ihnen etwas ganz Inneres anvertrauen: Mein Traum ist es, „das Lob seiner Herrlichkeit zu sein". Dieses Wort habe ich beim heiligen Paulus gelesen, und mein Bräutigam hat mir zu verstehen gegeben, daß darin meine Berufung schon jetzt im Exil besteht, da ich darauf warte, das ewige Sanctus in der Stadt der Heiligen singen zu dürfen. Aber dies erfordert eine große Treue. Denn um „Lob der Herrlichkeit" zu sein, muß man allem, was nicht Er ist, abgestorben sein, so daß man nur noch bei seiner Berührung erbebt. Und die erbärmliche Elisabeth tut ihrem Meister doch gar manche Dummheit an. Aber als liebevoller Vater verzeiht Er ihr, sein göttlicher Blick reinigt sie, und sie versucht wie der heilige Paulus, „alles zu vergessen, was hinter ihr liegt, um sich nach dem auszustrecken, was vor ihr liegt". Wie sehr verspürt man in sich das Bedürfnis, sich zu heiligen, sich selbst zu vergessen, um ganz für die Anliegen der Kirche da zu sein ... Armes Frankreich! (...) Bitten Sie Ihn, daß ich meine Berufung ganz erfülle und nicht die Gnaden mißbrauche, mit denen Er mich überhäuft. Wenn Sie wüßten, wie sehr mir manchmal deswegen angst ist ... Dann werfe ich mich auf Den, den der heilige Johannes „den

Treuen, den Wahren" nennt, und ich bitte Ihn inständig, Er selbst möge meine Treue sein! (L 256)

Er wollte zuerst leiden, damit wir in den Stunden der Kreuzigung Ihn anschauen und sagen können: „Er hat noch mehr gelitten als ich, und zwar um mir seine Liebe zu bezeugen und um die meine herauszufordern." Der Psalmist spricht von Ihm und sagt, sein Schmerz sei grenzenlos gewesen wie das Meer. Und später der heilige Paulus: „Wir haben nicht einen Hohenpriester, der nicht mitfühlen könnte mit unseren Schwachheiten, vielmehr einen, der in jeder Beziehung gleichermaßen versucht worden ist." Liefern wir uns der Liebe aus, liebe gnädige Frau! Sie sagen zu mir, Sie müßten Sühne leisten; aber unser Gott wird ein „verzehrendes Feuer" genannt und „reich an Erbarmen um seiner großen Liebe willen". Welch festes Fundament des Vertrauens für die Seele, die mit dem heiligen Johannes sagt: „Ich glaube an seine Liebe"! (...) Wenn ich dem Tod ins Angesicht sehen würde, so würde ich mich, glaube ich, trotz all meiner Untreuen den Armen meines Gottes überlassen wie ein Kind, das am Herzen seiner Mutter einschläft. Es ist nichts anderes als dies. Und Er, der unser Richter sein wird, wohnt in uns, Er hat sich zum Gefährten unserer Pilgerreise gemacht, um uns zu helfen, den schmerzlichen Übergang zu bestehen (L 263).

3. Krankheit und Auferstehung

Von Krankheit niedergeworfen, kommt Elisabeth im Lauf des Monats März 1906 auf die Krankenstation des Karmel. Die junge Sterbende von sechsundzwanzig Jahren wird dort achteinhalb Monate verbringen. Ihre Ernährung wird immer schwieriger. Am Abend des 8. April verschlimmert eine Ohnmacht auf einmal ihren Schwächezustand.

Am Abend des Palmsonntags erlitt ich eine starke Krise, und ich glaubte bereits, die Stunde sei gekommen, da ich in die Unendlichkeit aufsteigen würde, um unverhüllt die Dreifaltigkeit zu schauen, die schon hier auf Erden meine Wohnstätte war. In der Stille und im Schweigen jener Nacht erhielt ich die Krankensalbung und den Besuch meines Meisters. Mir schien, Er habe auf diesen Augenblick gewartet, um meine Fesseln zu zerreißen. O meine kleine Schwester, welch unaussprechliches Erlebnis waren diese Tage, die ich in Erwartung der großen Schau (von Angesicht zu Angesicht) verbrachte! Unsere so gute ehrwürdige Mutter war beständig an meinem Bett und bereitete mich auf die Begegnung mit dem Bräutigam vor, und in meinem Verlangen, zu Ihm zu gehen, fand ich, daß Er reichlich zögere zu kommen. Wie mild und süß ist der Tod für die Seelen, die nur Ihn geliebt und, um mit den Worten des heiligen Paulus zu sprechen, nicht nach dem Sichtbaren getrachtet haben, da es vergänglich ist, sondern nach dem Unsichtbaren, da es ewig bleibt. Ich war so glücklich bei dem Gedanken, als Karmelitin zu sterben (L 278).

Die ganze Karwoche verbringt sie in einem sehr elenden Zustand. Die Erschöpfung erreicht am Karfreitag ihren Höhepunkt. Am Karsamstag tritt dann eine sichtbare Besserung ein. Die Schwestern machen sich jedoch keine Illusionen über eine mögliche Gesundung, es sei denn durch ein Wunder, um das sie inständig bitten. An Ostern läßt Elisabeth ihrer Mutter schreiben, der sie niemals „auch nur ein Wort darüber gesagt hat, daß sie auf Heilung hofft" ...

Wäre ich in den Himmel gekommen, wie eng verbunden hätte ich dann mit Dir gelebt! Nie hätte ich Dich verlassen. Und ich hätte Dich die Gegenwart Deiner kleinen Sabeth wahrnehmen lassen. Da ich sicher bin, daß Du mich verstehst, will ich Dir ganz leise meine große Enttäuschung darüber eingestehen, nicht zu Dem aufgestiegen zu sein, den ich so sehr liebe. Denk, welch ein Osterfest wäre das für Deine Tochter im Himmel gewesen! Aber das war noch egoistisch. Nun will ich mich ganz dem Gehorsam unterstellen, in dem ich um meine Heilung bitten soll (...).

Wenn Du wüßtest, wie gut unsere Mutter ist! Eine wahre Mutter für Deine Tochter. Und ich versichere Dir, an dem Abend, da ich die Krise erlitt, hatte ich trotz meiner Freude, zu Gott heimgehen zu dürfen, das Bedürfnis, ihre Stimme zu hören und meine Hände in den ihren zu fühlen. Denn dieser Augenblick ist immerhin sehr feierlich, und man kommt sich so klein vor, mit so leeren Händen. (...) Danken wir dem guten Gott für diese Tage, die allerdings für Dein Herz schmerzlich waren. Ich merke so gut, liebe Mama, daß sie über uns kommen wie eine Flut von Liebe; verscherzen wir nichts davon und danken wir Dem, der nichts anderes kann, als uns lieben (L 266).

Wenn Du wüßtest, wie glücklich ich bin in der Einsamkeit meiner kleinen Krankenstation. Mein Meister ist hier bei mir, und wir leben Tag und Nacht in einem süßen Beisammensein Herz an Herz. Ich schätze mein Glück, Karmelitin zu sein, noch mehr, und bitte bei Gott für meine liebe Mama, die mich Ihm geschenkt hat. Seit dieser Krankheit bin ich dem Himmel noch näher gekommen. Eines Tages werde ich Dir alles erzählen. Liebe Mama, bereiten wir uns für die Ewigkeit, leben wir mit Ihm; denn nur Er kann bei uns sein und uns helfen bei diesem großen Übergang (L 267).

Denk Dir, meine liebe Guite! In seinem Licht die Herrlichkeiten des göttlichen Seins schauen, alle Tiefen seines Geheimnisses erforschen, in Dem aufgegangen sein, den man liebt, unablässig seine Herrlichkeit und seine Liebe besingen, Ihm gleich sein, da man Ihn sieht, wie Er ist! ...

Kleine Schwester, ich wäre glücklich, hinübergehen zu können, um Dein Engel zu sein. Wie würde ich für die Schönheit Deiner Seele eifern, die schon hier auf Erden so sehr geliebt wird! Ich hinterlasse Dir meine Ergebenheit an die Dreifaltigkeit, an die

„Liebe". Lebe mit ihr in Deinem Innern, im Himmel Deiner Seele. Der Vater wird Dich mit seinem Schatten bedecken und gleichsam eine Wolke zwischen Dich und die Dinge der Erde legen, um Dich ganz als sein Eigentum zu bewahren; Er wird Dir seine Macht kundtun, damit Du Ihn mit einer Liebe liebst, die stark ist wie der Tod. Das göttliche Wort wird in Deine Seele wie in einen Kristall seine eigene Schönheit einprägen, damit Du rein bist in Seiner Reinheit und leuchtend in Seinem Licht. Der Heilige Geist wird Dich in eine geheimnisvolle Lyra verwandeln, die in der Stille unter der göttlichen Berührung einen herrlichen Hymnus an die Liebe hervorbringen wird; dann wirst Du „das Lob seiner Herrlichkeit", was ich auf Erden zu sein geträumt hatte. Du wirst an meine Stelle treten. Ich werde das „Laudem gloriae" vor dem Thron des Lammes sein, und Du das „Laudem gloriae" in der Mitte Deiner Seele. Kleine Schwester, wir werden immer eins sein. Glaube immer an die Liebe. Mußt Du leiden, so denke, daß Du dann *noch mehr geliebt* bist, und singe immer Dein Danklied. Er eifert so sehr für die Schönheit Deiner Seele ... Nur dies hat Er im Auge. Lehre die Kleinen, unter dem Blick des Meisters zu leben. Ich hätte gern, wenn Sabeth wie ich der Dreifaltigkeit ergeben wäre. Ich werde bei der Ersten heiligen Kommunion der beiden Kleinen dabeisein und Dir helfen, sie vorzubereiten. Du wirst für mich beten; aber danke Ihm vor allem: jeden Tag ein Gloria. Verzeih, daß ich Dir oft ein schlechtes Beispiel gegeben habe (L 269).

Das Leben auf der Krankenstation des Karmels würde äußerst eintönig, wäre Gott nicht da und die Liebe ihrer Schwestern sowie die Aufmerksamkeiten ihrer Verwandten und Freunde, die sie manchmal im Sprechzimmer der Krankenstation besuchen. Am 13. Mai geht sie durch eine erneute Krise knapp am Tod vorbei.

Seit ich Ihnen das letzte Mal geschrieben habe, scheint sich der Himmel erneut geöffnet zu haben, und Sie haben so gut gebetet, daß ich nun immer noch Gefangene bin. Aber eine glückliche Gefangene, die auf dem Grund ihrer Seele Tag und Nacht die Liebe ihres Meisters besingt. Er ist so gut ... Man möchte meinen, daß Er nur an mich zu denken hat, nur mich zu lieben hat, so sehr schenkt Er sich meiner Seele. Aber Er tut es, damit ich mich meinerseits Ihm ausliefere für seine Kirche und in allen ihren Anliegen, damit ich mich um seine Ehre sorge wie meine heilige Mutter Teresa. Bitten Sie Ihn darum, daß seine Tochter auch ein „Caritatis victima" („Opfer der Liebe") sei! (L 275)

Am 24. Mai, dem Fest Christi Himmelfahrt, sagt Elisabeth:

Am Morgen wurde mir auf dem Grund meiner Seele dieses Wort gesagt: „Wenn einer mich liebt, wird mein Vater ihn lieben, und wir werden in ihn kommen und in ihm Wohnung nehmen." Und im gleichen Augenblick habe ich gesehen, wie wahr dies ist. Ich könnte nicht sagen, wie die drei göttlichen Personen sich offenbart haben; aber dennoch sah ich sie, in mir ihren Austausch der Liebe vollziehend, und mir scheint, ich sehe sie immer noch auf diese Weise. Wie groß ist Gott, und wie sehr liebt Er uns!

Meine liebe, gute Mama, ich beginne meinen Brief mit einer Erklärung. Siehst Du, ich habe Dich bereits so sehr geliebt, aber seit unserer letzten Begegnung hat sich diese Liebe noch verdoppelt. (...) Ich bin *die liebe Mama Deiner Seele;* Du bist doch einverstanden, nicht wahr?

Wir sind zur Zeit in Exerzitien, um uns auf Pfingsten vorzubereiten, und ich bin es noch mehr in meinem lieben kleinen Coenaculum. Getrennt von allem, bitte ich den Heiligen Geist, Dir diese Gegenwart Gottes in Deinem Innern zu enthüllen, von der ich Dir gesprochen habe. Ich habe für Dich Bücher durchgelesen, die hierüber handeln, aber ich möchte lieber erst mit Dir sprechen, ehe ich sie Dir gebe. Du kannst meiner Lehre Glauben schenken, denn sie stammt nicht von mir. In seinen Briefen wünscht der heilige Johannes, daß wir „Gemeinschaft" haben mit der heiligen Dreifaltigkeit. Dieses Wort ist so süß, und es ist so einfach. Es genügt – so sagt der heilige Paulus –, es genügt zu glauben: Gott ist Geist, und durch den Glauben nähern wir uns Ihm. Denk daran,

---

15 Elisabeth im Oktober 1906, einen Monat vor ihrem Tod
16 Blick in Elisabeths Zelle
17 Elisabeth auf dem Krankenlager

15

16 17

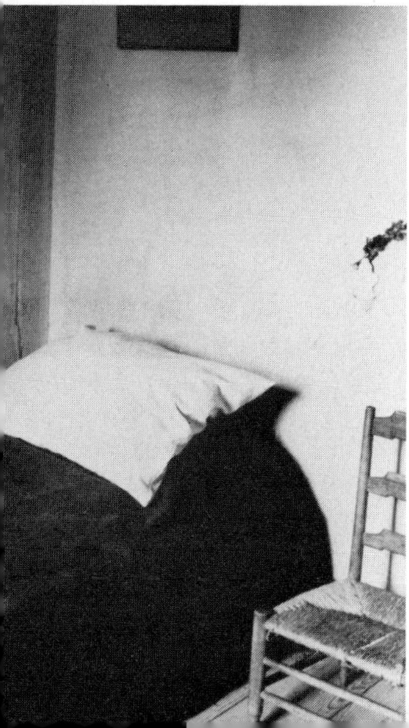

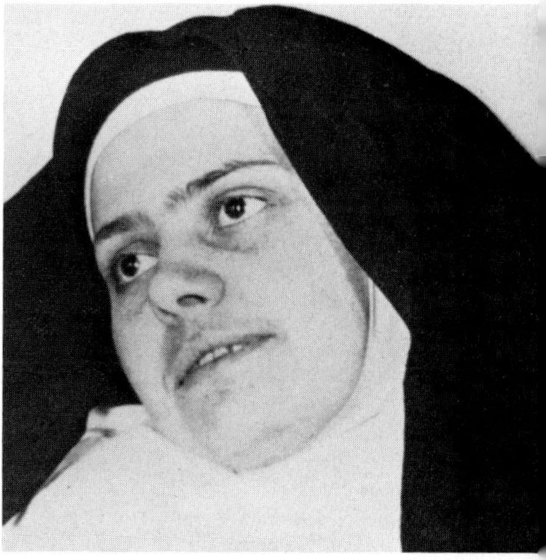

18

19

20

daß Deine Seele der Tempel Gottes ist; dies sagt ebenfalls der heilige Paulus. In jedem Augenblick, bei Tag und bei Nacht, wohnen die drei göttlichen Personen in uns. Du hast nicht die heilige Menschheit in Dir wie bei der heiligen Kommunion, sondern die Gottheit, diese Wesenheit, die die Seligen im Himmel anbeten, ist in Deiner Seele. Wenn man dies weiß, lebt man in einer ganz wunderbaren innigen Vertrautheit (mit Ihm). Man ist nie mehr allein! Ist Dir aber der Gedanke, daß der gute Gott nahe bei Dir ist, lieber als der Gedanke, daß Er in Dir ist, so folge dieser Neigung, vorausgesetzt jedoch, daß Du mit Ihm lebst. Vergiß nicht, Dich meiner kleinen Anleitung zu bedienen, ich habe sie *mit so viel Liebe* extra für Dich gemacht. Und außerdem hoffe ich, daß Du deine *drei* Gebete von je *fünf* Minuten aus meinem kleinen Heiligtum verrichtest. Denk daran, daß Du mit Ihm zusammen bist, und gehe mit Ihm um wie mit jemandem, den man liebt; es ist so einfach, es bedarf keiner schönen Gedanken, sondern man muß das Herz sprechen lassen.

Danke für den guten Kuchen, den Du mir geschickt hast, das hat mich so sehr gerührt. Aber sieh, er ist zu fein für meinen schlechten Magen, der einfachen weißen Käse bevorzugt (L 273).

---

18 Elisabeths Grab auf dem städtischen Friedhof von Dijon
19 Blick in den Innenhof des Karmels von Dijon
20 Der neue Karmel von Dijon in Flavignerot

Jeden Morgen habe ich das Glück, zu meinem Kommuniongitter in der Nähe unserer Zelle gebracht zu werden. Mit meinem Meister komme ich dann wieder zurück und mache meine Danksagung in meinem kleinen Bett. Heute morgen habe ich sogar auf einem Liegestuhl der Messe beigewohnt (L 276).

Siehe, es gibt ein Wort des heiligen Paulus, das gleichsam eine Zusammenfassung meines Lebens ist und mit dem man jeden Augenblick überschreiben könnte: „Propter nimiam caritatem". Ja, all diese Gnadenströme sind, „weil Er mich im Übermaß geliebt hat". Geliebte Mama, lieben auch wir Ihn, leben wir mit Ihm wie mit einem geliebten Wesen, von dem man sich nicht trennen kann. Sage mir bitte, ob Du Fortschritte machst auf dem Weg der Sammlung in die Gegenwart Gottes (L 280).

Unsere gute Mutter sorgt sich so sehr um mich. Sie weiß, daß Sprechen mich anstrengt, und ich kann sagen, daß ich meine Schwestern überhaupt nicht zu sehen bekomme, obwohl diese in ihrer zärtlichen Liebe Verlangen haben nach mir, die sie wie eine wahre Schwester lieben. Oh, was für ein Karmel! Wie sehr herrscht hier die schöne Tugend, die der Meister uns so sehr ans Herz gelegt hat! Mein Gesundheitszustand ist einigermaßen; nur der Magen will nicht immer Nahrung annehmen (L 308).

Wir haben gerade die Oktav zum Fronleichnamsfest begonnen. Dieses Jahr haben wir das Allerheiligste wieder in der Kapelle. Ich habe es so sehr geliebt, Stunden, ja ganze Tage dort zu verbringen ... Aber noch mehr liebe ich den Willen meines geliebten Meisters, und für mich gibt es keine Opfer mehr. Wenn ich nicht zu Ihm hingehen kann, so kommt Er zu mir, um meine Seele mit mütterlicher Zärtlichkeit zu umarmen. (...) Würde ich nicht über meinen Gesundheitszustand sprechen, so wärest Du sicher nicht zufrieden. Du kannst beruhigt sein. Ich ernähre mich immer noch von weißem Käse und Brügger Brot. Ich esse stündlich davon, das belastet meinen Magen weniger. Guite schickt mir immer noch das Eis, und ich lutsche immer noch ihre Schokolade. All diese Leckereien schenke ich meinem Meister, so habe ich keine Gewissensbisse mehr. Dieser Tage hat das Wetter mir nicht erlaubt, auf die Terrasse hinauszugehen, und so habe ich mein kleines Heiligtum nicht verlassen, außer am Donnerstagabend, um im Kapitelsaal, der in der Nähe der Krankenstation liegt, unserer Mutter ein Ständchen zu bringen *(anläßlich des Namenstages der Priorin).* Man hat mich für ein paar Augenblicke auf einem Liegestuhl dorthin gebracht. Es war das erste Mal seit drei Monaten, daß ich meine geliebte Kommunität *(alle zusammen)* wiedersah. Wenn Du wüßtest, wie froh meine Schwestern waren und wie sie mich umringten ... Es ist ergreifend, wie groß bei uns die gegenseitige Liebe ist! (L 285)

Zweifellos infolge einer Tuberkulose leidet Elisabeth an der damals unheilbaren Addison'schen Krankheit, einer chronischen Erkrankung der Nebennieren, die nicht mehr genug Hormone für den Stoffwechsel erzeugen. Die Folgen sind: eine für die Krankheit charakteristische allgemeine Körperschwäche, Magen- und Darmstörungen, Übelkeit, Unterblutdruck, die fast völlige Unmöglichkeit, sich zu ernähren. All dies führt zur völligen Erschöpfung und schließlich zum Tod. Hinzu kommen bei Elisabeth noch weitere Komplikationen wie innere Geschwürbildungen, heftige Kopfschmerzen, Schlaflosigkeit ... Je mehr sie sich ihrem Tod nähert, um so heftiger treten all diese Symptome auf.

Während dieser ganzen Zeit bleibt ihre Ernährung das Hauptproblem. Elisabeth lebt von Eis, Milch und weißem Käse; man versucht es mit verschiedenen Kuchensorten; all dies in kleinsten Rationen. Sie ißt auch Schokolade oder lutscht Bonbons, wobei sie die aussucht, vor denen sie am wenigsten Ekel empfindet und die kein Sodbrennen verursachen. Immer mehr verliert sie die Stimme. Trinken ist ihr eine wahre Pein. Das Ideal der Gleichförmigkeit mit Christus dem Gekreuzigten *zeichnet sich immer mehr ab.*

Immer noch unfähig, sich aufrecht zu halten, gewinnt Elisabeth am 8. oder 9. Juli doch wieder ein klein wenig Kraft in den Beinen, so daß sie sich von nun an auf die nahe Terrasse und auf den Zellengang, vor allem jedoch auf die kleine Empore begeben kann, von der aus man einen Blick in die Kapelle hat und von wo aus sie der Messe und dem Offizium beiwohnt.

Mein Magen ist immer noch widerspenstig, aber stell Dir vor, ich beginne wieder zu gehen. Ich kann es gar nicht fassen, denn ich bin nicht kräftiger als vorher, wo ich mich nicht einmal mehr setzen konnte. Kürzlich einmal, als unsere Mutter zu mir kam, fühlte ich mich sehr matt, und ich sagte zu ihr, ich würde bald heimgehen. Sie antwortete mir, anstatt dies zu sagen, würde ich besser daran tun, Gehversuche zu machen. Ich gehorche ihr so gern! Als ich nun allein war, versuchte ich, einige Schritte, auf den Rand des Bettes gestützt, zu machen. Es verursachte mir große Schmerzen. Zu Schwester Therese vom Kinde Jesu habe ich gebetet, nicht, daß sie mich heile, sondern sie solle mir Beine schenken; und ich konnte gehen. Hättest Du sehen können, wie ich wie ein altes gebeugtes Mütterchen an meinem Stock ging, Du hättest herzlich gelacht. Unsere gute Mutter hat mich an ihrem Arm auf die Terrasse geführt. Ich bin ganz stolz, daß ich so etwas herumgehen kann. Ich würde Dir gern eine Vorstellung davon geben. Du würdest sicher herzlich lachen, denn ich gebe ein sehr drolliges Bild ab. Und es hat mir Freude gemacht, Dir diese gute Nachricht mitteilen zu können, da ich dachte, daß Du wohl glücklich darüber sein wirst. Weine nicht wegen Deiner Sabeth. Der liebe Gott wird sie dir noch ein Weilchen lassen (L 295).

Wie gern habe ich den Gedanken des heiligen Paulus, den Sie mir geschrieben haben! Mir kommt es so vor, als verwirkliche er sich in mir auf diesem kleinen Bett, das der Altar ist, auf dem ich mich der Liebe darbringe. Beten Sie darum, daß die Ähnlichkeit mit dem geliebten Bild jeden Tag vollkommener wird: „Configuratus morti eius." („Seinem Tod gleichgestaltet") Dieser Gedanke bewegt mich sehr und gibt meiner Seele Kraft im Leiden. Wenn Sie wüßten, welches Werk der Zerstörung ich in meinem ganzen Innern verspüre. Der Weg nach Golgotha hat sich mir eröffnet, und ich bin sehr froh, auf ihm gehen zu können wie eine Braut an der Seite des göttlichen Gekreuzigten. Am 18. werde ich sechsundzwanzig Jahre alt; ich weiß nicht, ob dieses Jahr in der Zeit oder in der Ewigkeit zu Ende gehen wird, und ich bitte Sie, wie ein Kind seinen Vater bittet: Weihen Sie mich doch in der heiligen Messe als Hostie zum Lob der Herrlichkeit Gottes. Weihen Sie mich so gut, daß ich *nicht mehr ich, sondern Er* bin und daß der Vater, wenn Er mich anblickt, Ihn wiedererkennen kann. „Ich will mit seinem Tod gleichförmig sein", ich will in mir erleiden, was an seiner Passion noch fehlt für seinen Leib, die Kirche. Und dann tauchen Sie mich in das Blut Christi, damit ich aus seiner Kraft stark bin; ich fühle mich so klein, so schwach ... (L 294).

Am 16. Juli, dem Fest Unserer Lieben Frau vom Berge Karmel, schreibt sie an Guite:

„Meine Berufung ist die Liebe"

Liebe kleine Schwester, Dein Brief war eine Freude mehr in meinem Himmel, in dem ich Dich immer bei mir habe. Heute habe ich Dich und die kleinen Engel von ganzem Herzen der heiligen Jungfrau anempfohlen. Noch nie habe ich sie so geliebt! Ich weine vor Freude, wenn ich daran denke, daß dieses ganz klare, ganz lichte Geschöpf meine Mutter ist, und ich freue mich über ihre Schönheit wie ein Kind, das seine Mutter liebt. Ich fühle mich sehr zu ihr hingezogen, ich habe sie zur Königin und Beschützerin meines Himmels und auch des Deinen erhoben, denn ich tue alles für uns beide. Kleine geliebte Schwester, Du mußt das Wort „Mutlosigkeit" aus Deinem Wortschatz der Liebe streichen. Je mehr Du Deine Schwachheit fühlst, je schwerer es Dir fällt, Dich zu sammeln, je mehr der Meister verborgen zu sein scheint, um so inniger mußt Du Dich freuen; denn dann beschenkst Du Ihn. Und nicht wahr, es ist doch besser, zu geben, als zu empfangen, wenn man liebt? Gott sagte zum heiligen Paulus: „Meine Gnade genügt dir, denn die Kraft kommt in der Schwachheit zur Vollendung." Und der große Heilige hatte dies so gut begriffen, daß er ausrief: „Ich rühme mich meiner Schwachheiten, denn wenn ich schwach bin, wohnt die Kraft Christi in mir." Was liegt schon daran, was wir empfinden; *Er* ist der Unveränderliche, Er wird nie anders: Er liebt Dich heute genauso, wie Er Dich gestern geliebt hat und wie Er Dich morgen lieben wird. Selbst wenn Du Ihm Leid zugefügt hast, erinnere Dich, daß ein Abgrund den anderen ruft und daß der Abgrund Deiner Erbärmlichkeit, kleine Guite, den Abgrund Seines Erbarmens anzieht. Siehst Du, Er läßt mich dies so tief verstehen, und zwar für uns beide. Er zieht mich auch sehr zum Leiden und zur Hingabe meiner selbst hin; mir scheint, dies ist die

Vollendung der Liebe. Liebe Schwester, versäumen wir kein einziges Opfer, im Verlauf eines Tages kann man so viele bringen: Mit den Kleinen hast Du ja viel Gelegenheit dazu. Schenke alles dem Meister! Findest Du nicht, daß das Leid mit einem viel festeren Band eins mit Ihm macht ...? Wenn Er Dir also Deine Schwester nehmen würde, so wäre dies, damit Er Dir noch mehr gehört. Liebe Guite, hilf mir, mich auf die Ewigkeit vorzubereiten. Ich glaube, mein Leben wird nicht mehr allzu lange dauern. Und Du liebst mich genug, um Dich darüber zu freuen, daß ich gehe, um mich dort auszuruhen, wo ich schon seit langem lebe. Ich spreche gern mit Dir über diese Dinge, liebe Schwester, Du Echo meiner Seele; ich bin egoistisch, denn vielleicht verursache ich Dir dadurch Leid. Aber ich möchte Dich gern mit hochreißen über alles hinaus, was einmal stirbt, hinein in den Schoß der unendlichen Liebe. Dort ist die Heimat der beiden kleinen Schwestern, dort werden sie sich immer wiederfinden. O Guite, heute abend beim Schreiben dieses Briefs fließt meine Seele über, denn ich fühle die „übermäßig große Liebe" meines Meisters, und ich möchte meine Seele in die Deine übergehen lassen, damit Du immer an diese Liebe glaubst, vor allem in den leidvollsten Stunden.

Meine kleinen Beine machen Fortschritte, und ich nütze dies, um der kleinen Empore Besuche abzustatten, das ist himmlisch! Ich bin die kleine Einsiedlerin des guten Gottes, und wenn ich auf meine geliebte Zelle zurückkomme, um dort das auf der Empore begonnene Zwiegespräch fortzusetzen, bemächtigt sich meiner eine göttliche Freude. Ich liebe es so sehr, in Einsamkeit mit Ihm allein zu sein, und ich führe ein kleines, wahrhaft köstliches Einsiedlerleben. Du weißt, ich bin weit davon entfernt, frei von Unvermögen und Schwäche zu sein. Auch ich muß nach meinem Meister suchen, der sich gut versteckt. Aber dann erwecke ich meinen Glauben und habe größere Freude daran, nicht im Genuß seiner Gegenwart zu sein und so Ihn meine Liebe genießen zu lassen. Wenn Du in der Nacht aufwachst, dann vereinige Dich mit mir. Ich möchte Dich gern einladen können, zu mir zu kommen. Diese kleine Zelle mit ihren weißen Wänden, von denen sich nur ein schwarzes Holzkreuz ohne Corpus abhebt, ist so geheimnisvoll, so still. Dieses Kreuz ist mein Kreuz, an dem ich mich jeden Augenblick darbringe, um gleichförmig zu sein mit meinem gekreuzigten Bräutigam. Der heilige Paulus sagte: „Ihn, Christus, will ich erkennen und die Gemeinschaft mit seinen Leiden und die Gleichförmigkeit mit seinem Tod" (L 298).

... Liebe Mama, die heilige Jungfrau hat nicht das Wunder gewirkt, das Du Dir gewünscht hast. Wenn Du, wie Du es mir in Deinem lieben guten Brief sagst, fürchtest, daß ich als Opfer zum Leiden bestimmt bin, so sei nicht traurig, ich bitte Dich. Es wäre doch so schön. Ich fühle mich dazu nicht würdig. Denke also: teilhaben an den Leiden meines gekreuzigten Bräutigams und mit Ihm zusammen in meine Passion hineingehen, um mit Ihm zusammen zu erlösen ... Der heilige Paulus sagt, daß Gott diejenigen, die Er im voraus erkannt hat, dazu vorherbestimmt hat, dem Bild seines Sohnes gleichförmig zu werden. Freue Dich in Deinem mütterlichen Herzen bei dem Gedanken, daß Gott mich vorherbestimmt und mich mit dem Siegel des Kreuzes seines Christus gezeichnet hat.

Meine Beine zum Beispiel machen Fortschritte, ich kann ohne Stock gehen. Man hat mir eine sehr leichte kleine Tunika für Kranke gegeben, und in dieser Kleidung mache ich meine kurzen Gänge, die darin bestehen, auf die Terrasse und auf die kleine Empore zu gehen: Welche Freude für meine Seele, kannst Du das erahnen? Öfters am Tag besuche ich meinen Meister und danke Ihm, daß Er mir meine Beine wiedergeschenkt hat, so daß ich zu Ihm kommen kann (L 300).

Zum fünften Jahrestag ihres Eintritts in den Karmel schreibt sie ihrer Mutter:

Gestern abend dachte ich an jenen letzten Abend, und da ich nicht schlafen konnte, habe ich mich in die Nähe des Fensters gesetzt und bin dort bis Mitternacht geblieben, im Gebet mit meinem Meister. Ich habe einen wunderschönen Abend verbracht. Der Himmel war so blau, so ruhig, man fühlte eine solche Stille im Kloster. Und ich überdachte diese fünf Jahre, die so mit Gnaden überhäuft waren. O meine Mama, die ich liebe: Bereue das Glück nicht, das Du mir geschenkt hast! Ja, dank Deinem „Fiat“ konnte ich in diese heilige Wohnung eintreten und, allein mit Gott allein, einen Vorgeschmack dieses Himmels kosten, der meine Seele so sehr anzieht. Heute nacht habe ich

Gott erneut das Opfer angeboten, das Du vor fünf Jahren gebracht hast (L 302).

Ich komme wieder zu Dir, meine liebe Mama, um unsere Plauderei wieder aufzunehmen. Der gute Doktor Gautrelet hat mich besucht, und ich habe ihn möglichst herzlich empfangen, damit er keinen schlechten Eindruck vom Karmel bekommt. Ich liebe meinen Karmel so sehr und möchte an meiner Zuneigung alle teilnehmen lassen, die zu mir kommen. Er ist lange geblieben, aber ich glaube, auch er wird mich nicht zu neuem Leben auferwecken. Weißt Du, was er mir geraten hat, um meinen Magen wiederherzustellen? Einen guten Eintopf mit Speck! Ich denke, Du hast darauf genauso Lust wie ich! Was ich dann versucht habe, bestand darin, einige Löffel mehr zu essen, aber das hat mir den Magen verdorben und das Erbrechen und alles andere verstärkt. Daher nehme ich meinen kleinen Löffel wieder, mehr kann ich nicht (L 305).

In der ersten Augusthälfte verfaßt Elisabeth, als Überraschung für Guite, ihre erste geistliche Abhandlung: „Der Himmel im Glauben". *Es ist ein Mosaik von Zitaten in einer sehr persönlichen Zusammenstellung. Sie benützt dabei oft den flämischen Mystiker Ruysbroec und den spanischen Kirchenlehrer der Mystik, den heiligen Johannes vom Kreuz.*

Am Abend des 17. August beginnen ihre Einzelexerzitien. Auf Bitten von Mutter Germaine macht sie täglich Aufzeichnungen in dem Heft, das ihre schönen

„Letzten Exerzitien“ *darstellt. Diese Seiten, die uns ihre Betrachtung des geoffenbarten Wortes mitteilen, sind gleichzeitig auch eine regelrechte Autobiographie. Elisabeth spricht darin nicht theoretisch über die Theologie oder die Mystik; sie gibt Zeugnis:* „Die Seele“ *ist sie selbst.*

Mit folgenden Worten kündigt sie ihre letzten Exerzitien an:

Am Abend des Festes der Aufnahme Mariens in den Himmel mache ich mich zusammen mit der heiligen Jungfrau auf, um mich auf das ewige Leben vorzubereiten. Es tat mir so gut, als unsere Mutter sagte, diese Exerzitien würden mein Noviziat für den Himmel sein und die heilige Jungfrau würde mich, wenn sie mich bereit sehen würde, am 8. Dezember mit dem Gewand der Herrlichkeit bekleiden. Die Seligkeit zieht mich immer mehr an: Bei meinem Meister und mir geht es nur noch hierum, und seine ganze Sorge besteht darin, mich auf das ewige Leben vorzubereiten (L 306).

In diesen Dingen werde ich mich unterweisen lassen: in der Gleichförmigkeit, der Identität mit meinem geliebten Meister, der sich aus Liebe kreuzigen ließ (L 307).

Lesen wir einige Zeilen aus den „Letzten Exerzitien“:

„Allzeit halte ich meine Seele in Händen.“ Dieses Lied erklang in der Seele meines Meisters, und darum blieb Er mitten in der Angst der Ruhige, der Starke. Allzeit halte ich meine Seele in Händen! ... Was will dies anderes besagen, als daß man in der Gegenwart dessen, der der Friede ist, im vollen Besitz seiner selbst ist? Es gibt noch einen anderen Gesang Christi, den ich ständig wiederholen möchte: „Ich will dir meine Kraft bewahren." ... Meine Ordensregel sagt mir: „In der Stille ruht eure Kraft." Ich meine daher, daß das Wort „dem Herrn seine Kraft bewahren" bedeutet, durch das innere Schweigen die Einheit in seinem ganzen Wesen herstellen, d. h. all seine Kräfte sammeln, um sie einzig zur Übung der Liebe zu verwenden, d. h. diesen einfachen Blick haben, der es dem Licht Gottes erlaubt, uns zu durchstrahlen. Eine Seele, die sich auf Streitereien mit ihrem Ich einläßt, die sich mit ihrer Empfindlichkeit und ihren Gefühlen beschäftigt, die einem unnützen Gedanken oder irgendeinem Wunsch nachhängt, eine solche Seele zersplittert ihre Kräfte, sie ist nicht ganz auf Gott hingeordnet: Ihre Lyra schwingt nicht im Einklang, und wenn der Meister sie berührt, kann Er keine göttlichen Harmonien aus ihr hervorbringen; es ist noch zu viel Menschliches da, es entsteht Mißklang. Die Seele, die in ihrem inneren Reich noch etwas für sich zurückbehält und deren Kräfte noch nicht in Gott „eingeschlossen" sind, kann kein vollkommenes Lob der Herrlichkeit sein. Sie ist nicht imstande, fortwährend ihr „Canticum magnum" („Hochgesang") zu singen, von dem der heilige Paulus spricht, weil die Einheit nicht in ihr herrscht. Und statt durch alles hindurch schlicht ihren Lobgesang fortzusetzen, muß sie ständig die Saiten ihres Instruments zusammenholen, die sich nach allen Seiten hin ein wenig verloren haben (DR 3).

Dies ist das Werk Christi jeder Seele guten Willens gegenüber, dies ist sein Schaffen in mir, zu dem Ihn seine unermeßliche Liebe, seine *„übermäßige Liebe"* drängt. Er will mein Friede sein, damit nichts mich ablenken oder herausholen kann aus der uneinnehmbaren Festung der heiligen Sammlung. In ihr wird Er mir „Zutritt zum Vater" geben und mich fest und friedvoll in seiner Gegenwart bewahren, als wäre meine Seele bereits in der Ewigkeit. Durch das Blut seines Kreuzes wird Er alles in meinem kleinen Himmel befrieden, damit dieser wirklich die Ruhestätte der drei göttlichen Personen sei. Er wird mich mit sich erfüllen, Er wird mich in sich begraben, Er wird mir neues Leben schenken in Sich, durch sein Leben: „Mihi vivere Christus est" („Für mich ist Christus das Leben")! Und wenn ich jeden Augenblick wieder falle, so werde ich mich, im Glauben fest vertrauend, von Ihm wieder aufheben lassen. Ich weiß, daß Er mir verzeihen wird, daß Er mit eifernder Sorge alles auslöschen wird, ja, mehr als dies: daß Er mich losschälen, mich befreien wird von all meiner Erbärmlichkeit, von allem, was dem göttlichen Wirken ein Hindernis ist, und daß Er all meine Kräfte an sich ziehen und sie zu seinen Gefangenen machen wird, indem Er sie in Sich selbst bezwingt. Dann werde ich ganz in Ihn übergegangen sein, und ich werde sagen können: „Nicht mehr ich lebe, mein Meister lebt in mir!" Und ich werde in den Augen des Vaters *„heilig, rein und ohne Makel"* sein (DR 31).

(Maria) steht dort unter dem Kreuz, *aufrecht*, in Kraft und Tapferkeit. Und da ist mein Meister, der zu mir sagt: „Ecce Mater tua." („Siehe da, deine Mutter") Er gibt sie mir zur Mutter ... Und nun, da Er zum Vater zurückgekehrt ist, da Er mich an seiner Stelle ans Kreuz geheftet hat, damit ich „für seinen Leib, die Kirche, in meinem irdischen Leib ergänze, was an der Passion Christi noch fehlt", nun steht die Jungfrau wiederum dort, um mich zu lehren, so zu leiden wie Er, um mir diese letzten Gesänge seiner Seele zu sagen, sie mir zu verstehen zu geben, die niemand außer ihr, seiner Mutter, hat erlauschen können.

Wenn ich mein „consummatum est" („Es ist vollbracht") gesagt habe, so wird auch sie, die „Janua coeli" („die Pforte des Himmels"), es sein, die mich in die himmlischen Hallen einführt und mir dabei ganz leise das geheimnisvolle Wort sagt: *„Laetatus sum in his quae dicta sunt mihi, in domum Domini ibimus!...*" („Voll Freude war ich, als sie mir sagten: Zum Haus des Herrn wollen wir ziehen") (DR 41).

September. Die körperlichen Leiden haben stark zugenommen. Manchmal schlüpft Elisabeth ein Geständnis heraus: Tiere zerreißen sie innerlich, es ist, als ob man ihr die Eingeweide herausreißen würde ... Nie erhält sie Morphium oder andere Beruhigungsmittel. Sie weiß: Gott und der Glaube sind es, die sie vor dem Selbstmord bewahren. Oft brennt sie innerlich vor Schmerz, aber sie sagt: „Gott ist ein verzehrendes Feuer, sein Wirken ist es, das ich erleide."

... Dem guten Gott gefällt es, seine kleine Hostie zu opfern. Aber diese Messe, die Er mit mir feiert und bei der seine Liebe der Priester ist, kann noch lange dauern. Das kleine Opfer findet in der Hand Dessen, der es darbringt, die Zeit nicht lang. Es kann sagen, daß es auf dem Weg des Leidens noch viel eher auf dem Weg des Glücks bleibt, des *wahren* Glücks, geliebte Mama, das ihm niemand rauben kann. (...) Die Braut gehört dem Bräutigam, mein Bräutigam hat von mir Besitz ergriffen. Er will, daß ich Ihm eine weitere Menschheit sei, in der Er zur Verherrlichung seines Vaters noch einmal leiden kann, um seiner Kirche in ihren Nöten zu helfen. Dieser Gedanke tut mir so wohl (...). Danke Guite für ihre Schokolade. Unsere Mutter hat mir Suchard-Schokolade kaufen lassen, aber ich finde, daß sie süßer ist und stärker ist. Klauss-Schokolade ziehe ich vor, es wird mir darauf nicht so schlecht. Sage Guite, daß diejenige, die sie liebenswürdigerweise umgetauscht hat, auch sehr gut ist; sie verursacht zwar mehr Sodbrennen, da sie stärker ist, aber ich wechsele ab. Du siehst, ich studiere meinen Magen und tue, was ich kann, um ihn nicht verhungern zu lassen, und zwar aus Liebe zum lieben Gott. Geliebte Mama, alles entspricht der Absicht: Wie können wir doch die kleinsten Dinge heiligen, das gewöhnlichste Tun im Alltag in göttliches Tun umwandeln! (L 309)

„Für den Leib Christi, die Kirche, ergänze ich in meinem irdischen Leib, was an der Passion Christi noch fehlt": Darin bestand das Glück des Apostels! Dieser

Gedanke geht mir nach, und ich bekenne Dir, daß ich eine tiefe, innige Freude empfinde bei dem Gedanken, daß Gott mich erwählt hat, mich in die Passion seines Christus hineinzunehmen. Dieser Kreuzweg, den ich täglich hinaufgehe, erscheint mir eher als die Straße der Seligkeit!

Hast Du noch nie eines dieser Bilder gesehen, auf denen der Tod mit einer Sichel Ernte hält? Nun, eben in diesem Zustand bin ich; mir kommt es so vor, als würde er mich auf diese Weise zerstören ... Für die Natur ist das manchmal sehr schmerzlich, und ich versichere Dir, würde ich dabei stehenbleiben, so würde ich im Leiden nur meine Verzagtheit empfinden ... Aber das ist menschlich gesehen! Und sehr rasch öffne ich wieder das Auge meiner Seele im Licht des Glaubens, und dieser Glaube sagt mir, daß die Liebe mich zerstört, mich allmählich verzehrt, und meine Freude ist unermeßlich, und ich liefere mich der Liebe aus als Beute. (...) Meine Schwäche ist äusserst groß, jeden Augenblick meine ich, ohnmächtig zu werden. Dies wird vielleicht der letzte Brief von Deiner Sabeth sein; sie hat viele Tage gebraucht, um ihn Dir zu schreiben, was auch erklärt, warum er so ohne Zusammenhang ist. Und heute abend kann ich mich nicht entschließen, Dich zu verlassen. Ich bin allein, es ist halb acht Uhr abends, die Gemeinschaft ist in der Rekreation ... und ich glaube mich bereits ein wenig im Himmel in meiner kleinen Zelle, wo ich allein mit Ihm allein bin und mein Kreuz mit meinem Meister trage. Framboise, mein Glück wächst in dem Maß, wie meine Leiden zunehmen! Wenn Du wüßtest, welchen Geschmack man auf dem Grund des Kelchs findet, den der Vater im Himmel bereitet hat!

Adieu, geliebte Framboise, ich kann nicht mehr weiterschreiben. Und wenn nun unser Austausch zu Ende ist, wirst Du erahnen, wirst Du verstehen, was ich Dir nicht mit Worten sage. Ich umarme Dich. Ich liebe Dich wie eine Mutter ihr Kind. Adieu, meine ganz Kleine ... Im Schatten Seiner Flügel behüte Er Dich vor allem Bösen! (GV 7 und 13)

Das Leiden zieht mich immer mehr an. Das Verlangen danach übertrifft beinahe die Sehnsucht nach dem Himmel, die doch sehr stark war ... Man muß Gott betrachten, der sich aus Liebe kreuzigen ließ, und wenn diese Betrachtung aufrichtig ist, so führt sie unweigerlich zur Liebe zum Leiden. Geliebte Mama, nimm im Licht, das vom Kreuz ausgeht, jede Prüfung, jede Widerwärtigkeit, alles Unangenehme an. Auf diese Weise gefällt man Gott und geht voran auf dem Weg der Liebe. Danke Ihm für mich: Ich bin *so, so glücklich* ... Ich möchte ein wenig von meinem Glück ausstreuen können unter diejenigen, die ich liebe (L 314).

Geliebte Mama, ich bekomme Geschmack an meinem geliebten Kalvarienberg und bitte den Meister, dort mein Zelt neben dem Seinen zu errichten. Ich beschäftige mich viel mit der Passion. Wenn man sieht, was Er mit Herz, Seele und Leib alles für uns gelitten hat, dann hat man geradezu das Bedürfnis, Ihm das alles zurückzuschenken. Es ist, als wolle man all das durchleiden, was auch Er durchlitten hat. Ich kann nicht sagen, daß ich das Leiden an sich liebe. Ich liebe es vielmehr, weil es mich mit Dem gleichförmig macht, der mein Bräutigam und meine Liebe ist. Sieh, das erfüllt die Seele mit einem so süßen Frieden, mit einer so tiefen Freude, und man sucht schließlich sein Glück in all dem, was einem entgegen ist. Liebe Mama, versuche einmal, Deine Freude – nicht die fühlbare, sondern die Freude Deines Willens – in jeder Widerwärtigkeit, in jedem Opfer zu suchen, und sage zum Meister: „Ich bin nicht wert, dies für Dich zu erleiden, ich verdiene diese Gleichförmigkeit mit Dir nicht." Du wirst sehen, mein Rezept ist ausgezeichnet (L 317).

Wenn sie auch bei ihrer Familie über die Einzelheiten ihres Leidens schweigt, so hat sie doch ihrer Priorin gegenüber nichts zu verbergen:

Ihr kleines Lob der Herrlichkeit kann nicht schlafen, es leidet. Aber obwohl die Angst seine Seele durchschneidet, erfüllt diese doch so große Ruhe, und Ihr Besuch ist es gewesen, der diesen Frieden des Himmels gebracht hat. Sein kleines Herz empfindet die Notwendigkeit, Ihnen dies mitzuteilen, und in seiner innigen Dankbarkeit betet und leidet es unaufhörlich für Sie! Helfen Sie mir, meinen Kalvarienberg zu ersteigen, ich fühle so stark die Kraft Ihres geistlichen Amtes in meiner Seele, und ich brauche Sie so sehr. Meine Mutter, ich fühle meine Dreifaltigkeit so nahe bei mir; ich werde mehr mit Glück als mit Schmerz überhäuft: Mein Meister hat mich daran erinnert, daß dies mein Wohnsitz ist und daß ich mir die Leiden nicht auswählen darf. Ich tauche also mit Ihm in das unermeßliche Leid, bei aller Furcht und Angst (L 320).

Die Briefe vom Oktober wiederholen ihr Ideal von der Umwandlung in Jesus den Gekreuzigten, ihr Leid und ihr Glück. Sie schreibt auch eine ganze Reihe von testamentarischen Briefen, in denen sie von ihrer posthumen Sendung spricht:

Wenn Sie wüßten, welch himmlische Tage Ihre Freundin im Karmel verbringt! Ich werde von Tag zu Tag schwächer und spüre, daß mein Meister nicht mehr lange zögern wird, mich zu holen. Ich verkoste, ich erfahre bisher unbekannte Freuden. Die Freude des Schmerzes, o kleine Germaine, wie ist die doch so lind und so süß! ... Ich träume davon, daß ich vor meinem Tod in Jesus den Gekreuzigten umgewandelt werde, und dies gibt mir so viel Kraft im Leiden ... Liebe Schwester, wir dürften kein anderes Ideal haben, als uns mit diesem göttlichen Vorbild gleichförmig zu machen. Welche Liebesglut würde uns dann dazu antreiben, uns zu opfern und unser selbst nicht zu achten, wenn wir immer die Augen des Herzens auf Ihn gerichtet hielten. (...) Wenn Sie wüßten, welch unaussprechliches Glück meine Seele verkostet bei dem Gedanken, daß der Vater mich vorherbestimmt hat, seinem gekreuzigten Sohn gleichförmig zu werden ... Der heilige Paulus hat uns diese göttliche Erwählung mitgeteilt, die mein Anteil zu sein scheint! ...

Liebe Schwester meiner Seele! Im Licht der Ewigkeit läßt der gute Gott mich viele Dinge verstehen, und sozusagen von Ihm aus möchte ich Ihnen sagen, keine Angst vor dem Opfer, vor dem Kampf zu haben, sondern sich vielmehr daran zu erfreuen. Wenn Ihre Natur Anlaß für den Kampf bietet, ja ein Schlachtfeld ist, so werden Sie nicht mutlos, werden Sie nicht traurig! Ich würde gern sagen: Lieben Sie Ihre Erbärmlichkeit, denn an ihr übt Gott sein Erbarmen (L 324).

... meine liebe, gute Mama, die ich immer mehr liebe. Den gestrigen Abend habe ich auf meiner kleinen Empore verbracht und habe dem Konzert beigewohnt. Unsere Mutter hat mich verwöhnt, sie hat mir das Gitter geöffnet, und ich hatte die Freude, Dich zu sehen; ich war Dir innerlich ganz nahe. Wenn Du wüßtest, wie ich tiefer denn je mein Glück empfand, als ich mich mit Guite verglich: Ich habe viel gelitten, ich habe gedacht, daß vielleicht bald die Erde für mich nicht mehr sein wird, denn mein armer Körper ist wirklich sehr krank; und ich sagte mir: „Die Glückliche bist du." In dieser Weise habe ich einen himmlischen Abend verbracht, überwältigt von meinem Glück. Geliebte Mama, ja, erneuere Dein Opfer! Das gefällt dem guten Gott so sehr, und Du ziehst Gnaden auf mich herab, damit ich stark bin für das Leid, das ich immer mehr liebe, und damit mein Meister mich nicht schont (L 325).

Es gibt ein Wesen, das die Liebe ist und das will, daß wir in Gemeinschaft mit Ihm leben. Mama, es ist herrlich: Er, der mir Gesellschaft leistet, der mir im

Leiden beisteht, der mich durch den Schmerz hindurchgehen läßt, damit ich in Ihm ruhe, Er ist da. Mach es wie ich, Du wirst sehen, das verwandelt alles (L 327).

Liebe Antoinette, im Licht der Ewigkeit sieht die Seele die Dinge mit dem richtigen Blick. Wie leer ist alles, was nicht für Gott und mit Gott getan worden ist! Ich bitte Sie inständig, zeichnen Sie alles mit dem Siegel der Liebe! Nur das bleibt. Das Leben ist etwas Ernstes: Jede Minute ist uns geschenkt, um uns immer tiefer in Gott zu „verwurzeln", wie der heilige Paulus sagt, damit die Ähnlichkeit mit unserem göttlichen Vorbild größer und die Vereinigung inniger sei. Aber zur Verwirklichung dieses Plans, der von Gott selber ist, ist dieses Geheimnis der Schlüssel: sich vergessen, sich verlassen, sich selbst nicht beachten, den Meister anschauen, nur Ihn anschauen, gleichermaßen Freude und Leid als unmittelbar von seiner Liebe kommend annehmen. Das bringt die Seele in so lichte Höhen!...

Meine geliebte Antoinette, ich hinterlasse Ihnen meinen Glauben an die Gegenwart Gottes, des Gottes, der ganz Liebe ist und der in unseren Seelen wohnt. Ich vertraue Ihnen dies an: Diese innige Vertrautheit mit Ihm „im Innern" war die schöne Sonne, die mein Leben durchstrahlte und die mir gleichsam einen vorweggenommenen Himmel schuf. Sie hält mich auch heute im Leiden aufrecht. Ich fürchte meine Schwachheit nicht; sie erfüllt mich mit Vertrauen, denn Er, die Kraft, ist in mir, und seine Stärke ist allmächtig. Sie wirkt, so sagt der Apostel, Größeres, als wir erhoffen können! (L 333)

Wie mir scheint, wird meine Sendung im Himmel darin bestehen, Seelen anzuziehen, indem ich ihnen helfe, aus sich selbst herauszugehen und durch eine ganz einfache Regung der Liebe Gott anzuhangen. Meine Sendung wird es sein, sie in diesem großen inneren Schweigen zu bewahren, in dem Gott sich in ihr Inneres einprägen und sie in Sich selbst umwandeln kann. (...) Mein Meister drängt mich, Er spricht nur noch über die Ewigkeit der Liebe mit mir. Es ist so schwerwiegend, so ernst. Ich möchte jede Minute ganz leben. Adieu, ich habe nicht mehr die Kraft und auch nicht die Erlaubnis, länger zu schreiben, aber Sie kennen ja das Wort des heiligen Paulus: „Unser Wandel ist im Himmel." Kleine geliebte Schwester, leben wir aus Liebe, um aus Liebe zu sterben und den Gott, der ganz Liebe ist, zu verherrlichen (L 335).

30. Oktober 1906.
Elisabeth drückt ihr Profeßkreuz an ihr Herz und sagt zu Ihm: „Wir haben uns so sehr geliebt." *Ihr erschöpfter Leib hat keine Widerstandskraft mehr. Sie muß sich endgültig zu Bett legen. Gegen Abend befällt sie ein heftiges Zittern.*

Am nächsten Tag empfängt sie zum zweiten Mal die Krankensalbung und die letzte Wegzehrung.

An Allerheiligen empfängt sie zum letzten Mal die heilige Kommunion. Gegen zehn Uhr morgens glaubt man, die Stunde ihres Todes sei gekommen. Die Gemeinschaft versammelt sich um sie und betet die Sterbegebete. Elisabeth kommt wieder zu sich und bittet mit ergreifenden Worten ihre Schwestern um Verzeihung. Als sie dazu aufgefordert wird, ihnen noch ein Wort zu sagen, erwidert sie:

Alles vergeht! ... Am Abend des Lebens bleibt nur die Liebe ... Man muß alles aus Liebe tun; man muß sich selbst ständig vergessen: Der gute Gott liebt es so sehr, daß man sich vergißt ... Oh, hätte ich es doch nur immer getan! ...

In den darauffolgenden Tagen bleibt sie noch bei vollem Bewußtsein, aber ihre blutunterlaufenen Augen sind fast immer geschlossen ... Sie leidet sehr. Manchmal sagt sie noch etwas. Den anderen Freude machen ... Letzte Zeugnisse ihrer Vereinigung mit Gott und ihres Verlangens, Ihm alles darzubringen. Sie kann die heilige Kommunion nicht mehr empfangen, aber sie sagt: „Am Kreuz finde ich Ihn; dort schenkt Er mir sein Leben."

Nach einem heftigen Anfall ruft sie aus:

O Liebe, Liebe! Du weißt, wie sehr ich Dich liebe, wie sehr ich danach verlange, Dich zu schauen. Du weißt auch, wie sehr ich leide. Aber wenn Du willst, dann auch noch dreißig, vierzig Jahre, ich bin bereit. Zehre mein ganzes Wesen auf zu Deiner Verherrlichung; es soll Tropfen um Tropfen für Deine Kirche ausbluten.

Am 8. und 9. November verharrt sie fast ständig in Schweigen. Man versteht noch die Worte: „Ich gehe zum Licht, zur Liebe, zum Leben! …“

Die Nacht vom 8. auf den 9. November ist sehr schwer. Zu ihren Leiden kommen noch Erstickungsanfälle. Gegen Morgen nehmen die stechenden Schmerzen ab. Ihre veränderten Gesichtszüge zeigen, daß der Tod nahe ist. Man ruft die Kommunität herbei. Elisabeths Augen sind nun weit geöffnet und strahlen. Fast ohne daß man es merkt, hört sie auf zu atmen. Es ist ungefähr 6 Uhr 15.

Als Prophetin Gottes gehört Elisabeth von der Dreifaltigkeit von nun an der ganzen Kirche.

O mein Gott, Dreifaltigkeit, die ich anbete

J.M. + J.T.

O mein Gott, Dreifaltigkeit, die ich anbete: Hilf mir, mich ganz zu vergessen, um mich in Dir niederzulassen, regungslos und friedvoll, so als weilte meine Seele bereits in der Ewigkeit. Nichts soll meinen Frieden stören können, nichts soll mich aus Dir herausfallen lassen, o mein Unwandelbarer; vielmehr soll mich jede Minute weiter in die Tiefe Deines Geheimnisses hineinführen. Schenk Frieden meiner Seele, mach sie zu Deinem Himmel, zu Deiner geliebten Wohnung und dem Ort Deiner Ruhe. Gib, daß ich Dich dort nie allein lasse, sondern ganz da bin, ganz wach in meinem Glauben, ganz anbetend, ganz ausgeliefert an Dein schöpferisches Handeln.

O mein geliebter Christus, aus Liebe gekreuzigt, ich möchte eine Braut für Dein göttliches Herz sein, ich möchte Dich mit Ehre überschütten, ich möchte Dich lieben ... ja, aus Liebe sterben! Aber ich fühle mein Unvermögen, und ich bitte Dich: „Bekleide mich mit Dir selbst", mach meine Seele mit allen Regungen Deiner Seele gleichförmig, überflute mich, durchdringe mich, setze Dich an meine Stelle, damit mein Leben nur mehr ein Widerschein Deines Lebens sei. Komm, bete an, heile und erlöse in mir! O ewiges Wort, Wort meines Gottes, ich will mein Leben damit verbringen, auf Dich zu hören, ich will ganz offen und gelehrig sein, um alles von Dir zu lernen. Sodann will ich durch alle Nächte, alle Leere und alles Unvermögen hindurch immer den Blick auf Dich richten und in deinem hellen Licht bleiben. O mein geliebter Stern, banne mich fest, damit ich nie mehr aus Deinem Strahlenkreis herausfallen kann.

O verzehrendes Feuer, Geist der Liebe, „komm über mich", damit in meiner Seele gleichsam eine Inkarnation des Wortes geschehe: damit ich Ihm eine weitere Menschheit sei, in der Er sein ganzes Mysterium erneuert. Und Du, o Vater, neige Dich zu Deinem armen, geringen Geschöpf herab, „bedecke es mit Deinem Schatten", sieh in ihm nur den „Viel-Geliebten, an dem Du Dein Wohlgefallen hast".

O meine Drei(faltigkeit), mein Alles, meine Seligkeit, unendliche Einsamkeit, Unermeßlichkeit, in die ich mich verliere, ich liefere mich Dir als Beute aus. Senke Dich ganz in mich hinein, damit ich mich in Dich versenke, bis ich einst in Deinem Licht zur Anschauung Deiner unermeßlichen Größe und Erhabenheit gelange.

Abkürzungen

L = Lettre (Brief)
J = Journal (Tagebuch)
P = Poésie (Gedichte)
NI = Notes intimes (Innere Aufzeichnungen)
DR = Dernière retraite (letzte Exerzitien)
GV = La Grandeur de notre vocation (Die Größe unserer Berufung)

Bei allen Auszügen folgen wir den Zahlenangaben der französischen Ausgabe der „Œuvres complètes", erschienen bei: Editions Cerf, 1979/1980, unter dem Titel *J'ai trouvé Dieu*

Band I/A: Traités spirituels (geistliche Abhandlungen)
Band I/B: Lettres du Carmel (Briefe aus dem Karmel)
Band II: Journal, Notes intimes, Lettres de jeunesse et Poésies (Tagebuch, Innere Aufzeichnungen, Jugendbriefe und Gedichte)

Für die Erlaubnis zur Veröffentlichung der Fotos in diesem Band danken wir dem Karmel Dijon (P. Ulrich Dobhan OCD).

Waltraud Herbstrith

In Gottes Nähe

Einübungen in das geistliche Leben

„In diesem Buch vermittelt die erfahrene Ordensschwester in lebendig geschriebener Art geistliche Lebenshilfe. Sie zeigt Möglichkeiten auf, zu sich selbst zu kommen; sie erläutert Meditationsformen, die zur Erfahrung und Vertiefung des eigenen Daseins verhelfen. Die Verfasserin läßt vor dem Leser große Zeugen solcher Spiritualität und der Suche nach Gott aufleben. Sie übt dem Leser geistliches Leben ein und zeigt dem Menschen von heute, wie die Nähe Gottes im Schweigen und im Gebet spürbar werden kann".

Würzburger Diözesanblatt

„Das vorliegende Bändchen bietet trotz seiner Knappheit ein weltweites Spektrum von Einstiegen in das geistliche Leben. Sicher hat die Autorin recht, wenn sie gerade im Hinblick auf Innerlichkeit von Europa als einem Missionsland spricht. So wird versucht, dem Christen unserer Breiten Hilfen zu bieten, damit er in Wahrheit zu sich selbst komme, daß es ihm gelingt, die Botschaft Jesu nicht nur zu hören, sondern sich zu eigen zu machen, sie zu einem Teil seiner selbst werden zu lassen". *Bücherbord*

„Ich kann mir vorstellen, daß diese Überlegungen für suchende Menschen eine wertvolle Hilfe bieten; aber auch für die Menschen, die sich schon auf den Weg gemacht haben". *Theologisch-praktische Quartalsschrift*

96 Seiten, Paperback. ISBN 3-451-19146-6

Gott allein

Teresa von Ávila heute

Herausgegeben von Waltraud Herbstrith

Die große Teresa von Ávila ist eine Leitgestalt christlichen Lebens, von der auch unsere Zeit Erstaunliches lernen kann. Das zeigen die Beiträge dieses Bandes, u. a.: A. Auer, Die Seelenburg der hl. Teresa von Ávila – ein Modell heutiger Spiritualität? – W. Kasper, Teresa von Ávila – Sendung und geistlicher Auftrag – B. Casper, Alltagserfahrung und Glaubenserfahrung im Leben und Werk der Teresa von Ávila – W. Herbstrith, Verweilen vor Gott. Das Gebet bei Teresa von Ávila – J. Moltmann, Die Wendung zur Christusmystik bei Teresa von Ávila.

„Ein beachtenswerter Band über die große spanische Frau. Die Autoren zeigen mit diesem Leben von damals auch Sinn für unser Leben heute auf. Sie aktualisieren Anliegen und Gedanken dieser Frau in unsere heutigen Tage und zeigen sie als Leitgestalt des christlichen Lebens".

Das Zeichen, Limburg

288 Seiten, Paperback. ISBN 3-451-19661-1